전인 치유를 막는
감정적 트라우마를 깨다

전인 치유를 막는 감정적 트라우마를 깨다

질병과 상한 감정의 연결고리를 찾다
450여 질병과 증후군에 대한 감정적 원인 수록

크레이그 밀러 지음
임은묵 옮김

추천의 글

『전인 치유를 막는 감정적 트라우마를 깨다』는 크레이그 밀러가 랜디 클락과 공저한 책인『치유가 일어나지 않을 때 승리를 얻다』의 후속작입니다. 크레이그는 이 책에서 만성 질환에서 치유된 수많은 사람의 간증을 들려줍니다. 그는 트라우마로 인해 억눌린 감정들을 풀어놓는 것이 육체적 치유의 핵심이라는 것을 발견했습니다.

예수님은 우리의 영과 혼과 몸을 온전하게 하십니다. 그분은 우리의 영혼과 몸을 치유하십니다. 크레이그는 사회복지학 석사 학위를 가지고 있으며, 개인 병원에서의 풍부한 경험을 통해 깊은 지혜를 더했습니다. 이 책에 담긴 도구들은 질병의 감정적 뿌리를 드러내고 제거합니다. 치유를 위해 기도하는 모든 이들에게, 그리고 치유를 지키기 위해 싸워야 하는 이들에게 특히 보석 같은 지혜를 선사합니다.

데이비드 자리츠키 박사
그레이스 교회 치유 사역자, 하이포인트, 노스캐롤라이나

크레이그 밀러의 감정 치유 분야의 역량은 그의 깊은 연민과 견줄

만합니다. 그의 새 책은 우리가 이제껏 던지지 못했던 질문을 던질 수 있도록 용기를 줍니다. 이 책은 온전한 정신을 회복하고, 그리스도께서 우리에게 주시려는 자유를 가로막는 육체적, 정신적 상처를 치유하기 위한 청사진입니다. 나는 크레이그가 이토록 복잡한 주제를 놀라울 만큼 쉽게 풀어 쓴 것에 감동했습니다. 이 책은 과학적, 경험적 데이터에 뿌리를 두고 있으면서도, 한 인간 전체가 치유되는 것을 바라보는 실제적인 신학 위에 굳건히 서 있습니다!

스캇 시저 목사

설립자/제자도 네트워크

『전인 치유를 막는 감정적 트라우마를 깨다』는 그리스도인들이 성령의 능력을 힘입어 감정적, 육체적, 영적 고통에서 벗어날 수 있도록 실용적이고 믿음으로 가득 찬 접근법을 제시합니다. 크레이그의 거의 40년에 달하는 임상 및 목회 상담 경험은 평범한 그리스도인들이 예수 그리스도의 완벽한 치유 능력을 직접 경험할 수 있도록 돕는 보물창고와도 같은 도구들을 제공합니다. 삶에서 묶임과 한계가 사라지기를 바라는 모든 이들이 반드시 읽어야 할 책입니다.

조앤 무디 목사

국제 연사, 작가, 치유 사역자

크레이그 밀러는 많은 질병, 통증, '난치병'처럼 보이는 육체적 고통의 근본 원인을 탐구함으로써 하나님의 치유 능력을 믿는 사람들을 돕는 강력하고 실용적인 도구를 만들었습니다. 치료사이자 연사로서의 그의 연구와 경험이 담긴 이 안내서는 병든 사람들을 위해 기도하는 모든 사람이 자원 목록에 추가하고 싶어 할 것입니다.

마이크 허칭스 박사
글로벌 초자연적 사역 학교 및 글로벌 인증 프로그램 디렉터
『영혼 회복: 삶과 전쟁의 상처 치유하기』 저자

나는 크레이그 밀러를 하나님께서 우리 각자를 치유 사역으로 이끄시는 여정의 친구이자 동반자라고 생각합니다. 크레이그는 이 책에서 치유와 자유의 비결을 드러냅니다. 자유의 비결은, 마음속 장애물과 방해물을 제거하고, 이 땅에서 마음을 열고, 신랑이신 예수님과 그분의 아버지, 성령님의 사랑을 받는 것입니다. 내 삶에 영적인 동반자이자 스승으로 크레이그를 보내주신 하나님께 감사드립니다.

짐 커틴 목사
세인트 데니스 교회, 록포트, 일리노이

서문

누군가의 치유를 위해 기도한 후, 아무 일도 일어나지 않거나 아주 미미한 호전만 보인 경험이 있습니까? 용기를 내어 기도했는데 아무런 변화가 없으면 쉽게 낙심하게 됩니다. 특히 기도 후에도 치유가 일어나지 않을 때 어떻게 해야 할지 모른다면 더욱 그렇습니다. 이 주제는 매우 중요하기 때문에, 크레이그와 나는 함께 『치유가 일어나지 않을 때 승리를 얻다』(Finding Victory When Healing Doesn't Happen)라는 책을 썼고, 그 책에서 기도 후 치유가 일어나지 않는 중요한 문제들을 다루었습니다.

나는 이후에 치유의 돌파구를 경험하고 싶어 하는 사람들의 관심이 계속해서 늘어나는 것을 보았습니다. 나는 육체적, 감정적 치유를 다루는 세 권의 책에 대해 정말 기대가 큽니다. 이는 고통받는 사람들을 돕고 사역하는 이들에게 매우 귀중한 도구가 되리라 확신합니다. 그 세 권의 책은 다음과 같습니다. 줄리 케이튼 박사의 『영혼의 고통이 드러나다: 정신 질환의 미스터리』(Soul Pain Revealed: The Mystery of Mental Illness), 마이크 허칭스의 책 『영혼의 회복: 삶과 전쟁의 상처 치유하기』(Soul Restoration: Healing the Wounds of Life and War), 그리고 바로 이 책 『전인 치유를 막는 감정적 트라우마를 깨다』(Breaking Emotional Barriers to Healing)입니다.

크리스천 정신건강 치료사로서 크레이그의 경험과, 치유가 일어나지 않을 때 사람들이 자유롭게 되는 것을 보고자 하는 그의 열정이 그로 하여금 이 주제에 대해 더 많은 글을 쓰게 했습니다. 이 책은 육체적, 감정적, 그리고 세포 기억에 남은 트라우마가 어떻게 치유 과정을 막고 영, 혼, 육의 연결을 방해하는지에 대해 더 깊은 통찰을 제공합니다. 또한 치유와 마음, 몸의 회복을 직접적으로 방해하는 감정적 문제들을 찾아내고 풀어주는 기도문도 담겨 있습니다. 이 책은 용서할 준비가 안 되었을 때, 분노를 놓지 못할 때, 예수님의 치유를 신뢰하지 못할 때, 기도 중에 하나님의 권세와 능력을 사용하지 못할 때 등 기도 중에 발생할 수 있는 여러 문제들에 대한 안내서이기도 합니다.

내적 치유는 우리가 하나님께서 말씀하신 대로 '자유롭고 용서받은 자'가 되는 성화의 과정을 거치는 방법입니다. 내적 치유는 다양한 방식으로 일어날 수 있으며, 모든 사람이 병든 자를 위해 기도하는 법을 배우고, 기도 후에 아무런 변화가 없을 때 무엇을 해야 할지 아는 것이 중요하다고 믿습니다. 사람들이 일반적으로 치유가 일어나지 않을 때 무엇을 해야 할지 모르기 때문에, 이 책은 더 큰 치유의 돌파구를 위해 근본적인 문제들을 파악하고 풀어주는 것에 대한 인식을 높여줍니다.

사도적 글로벌 각성 네트워크 총괄 감독
글로벌 각성 설립자 랜디 클락 박사

차 례

추천의 글 4
서문 7

제1부 마음과 몸은 질병과 연결되어 있다 11
제1장 트라우마(Trauma)가 당신의 마음과 몸에 미치는 영향 13
제2장 감정적 트라우마가 일으키는 일들 25
제3장 억눌린 감정은 마음과몸의 질병과 연결된다 37
제4장 육체적 질병과 감정의 연결 45
제5장 정신 질환과 감정의 연결 57
제6장 질병이나 증상에 이유가 없을 때 73
제7장 영, 혼, 몸, 그리고 치유 79
제8장 우리가 치유 권능을 믿지 않는 이유 89

제2부 치유를 위한 마음과 몸의 연결 사용하기 103
제9장 능력과 권위로 치유를 위해 기도하기 105
제10장 치유 기도 단계들 113
제11장 치유의 돌파구를 마련하기 위한 실용적인 조언 139
제12장 치유가 일어나지 않을 때 탐색 확장하기 165
제13장 믿는 자에게 치유 기도는 효과가 있다 177
제14장 치유를 유지하는 방법 187
제15장 마음과 몸의 상태에 대한 감정적 연결 193
참고 문헌 235
부록 치유 기도의 단계들을 하나로 모으기 237

제1부

마음과 몸은 질병과 연결되어 있다

Healing

제1장

트라우마(Trauma)가 당신의 마음과 몸에 미치는 영향

1. 기도 사역자 줄리에 대한 간증

아내와 내가 치유 집회에서 사역하고 있을 때, 서른한 살 된 줄리라는 여성이 우리에게 기도를 부탁했습니다. 그녀는 평생 과민성 대장 증후군으로 인한 장 통증, 심각한 발 통증, 혼란, 어지러움, 극심한 피로를 겪으며 살아왔습니다. 그녀는 지난 15년 동안은 척추측만증으로 인한 허리 문제, 목 통증, 갈비뼈 탈골, 다리 혈액순환 장애, 골반 뒤틀림, 전신 긴장을 호소했습니다. 지난 2년 사이에는 두통, 자궁 통증, 부신 피로까지 겪고 있었습니다. 수년간의 병원 치료에도 불구하고 의사들은 원인을 찾지 못했고, 아무런 결과를 얻지 못했습니다. 그녀는 기도 사역자였고, 굳건한 믿음을 가지고 다른 사람들이 치유되는 것을 보며 기뻐했음에도 불구하고, 자신은 온전한 치유를 받지 못했습니다.

그녀는 하나님이 자신을 사랑하신다는 것을 알았지만, 이렇게 계속 살아가는 것은 말이 되지 않고 기도에 응답이 없는 것도 납득할 수 없다고 생각했습니다. 줄리는 너무 많은 육체적 제약과 건강 문제 때문에 자신의 삶이 정상적이었던 적이 없다고 말했습니다. 그녀가 내면에 안고 있는 감정적인 고통, 슬픔, 스트레스, 두려움 때문에 자신의 가족에게 힘이 되어주기도 어려웠습니다.

나는 그녀가 수년간 감정적, 육체적 고통을 당했다는 말을 듣고 마음이 아팠습니다. 사랑과 자비가 넘치는 하늘 아버지께 기도하는데도 계속해서 고통 속에 머물러야 하는 이유는 납득하기 어렵습니다. 하지만 나는 또한 그녀의 끊임없는 증상들의 원인 중 하나가 해결되지 않은 여러 겹의 감정적 트라우마와 건강하지 못한 믿음이라는 것을 알았습니다. 나는 그녀에게 무의식적으로 영향을 미치고 있는 과거의 감정적 상처들을 다시 돌아볼 준비가 되었는지 물었습니다.

그녀는 이미 내적 치유를 어느 정도 했고, 더는 무엇을 해야 할지 모르겠다고 말했습니다. 나는 그녀가 계속해서 고통과 육체적 질병을 겪는 것은 추가적인 감정적 트라우마의 층이 드러나고 풀어놓아져야 한다는 증거라고 말했습니다. 그녀는 우리가 그녀의 질병을 위해 기도하는 것을 기꺼이 받아들였습니다.

우리가 함께 기도했을 때, 하나님께서는 그녀의 여러 가족 구성원으로부터 받은 상처와 그녀가 여전히 그 상황들에 얽매여 있는 감정적 연결을 보여주셨습니다. 하나님께서는 먼저 그녀의 어머니 자궁 속 이미지를 보여주셨는데, 그곳에는 부모님으로부터 거부당한 경험들이 있었고, 그로 인해 수년간의 학대와 방치로 인한 거부감, 무가치함, 두려움, 혼란, 수치심, 버림받았다는 감정이 따라왔습니다.

줄리는 하나님께서 트라우마를 하나씩 드러내실 때마다 그 트라우마와 관련된 감정들을 풀어놓을 수 있었습니다. 그 결과, 그녀의 각 감정과 연관된 신체 부위의 통증이 줄어들기 시작했고, 마침내 모든 통증이 사라졌습니다. (몸과 감정 사이의 연관성은 나중에 더 자세히 설명될 것입니다.)

우리가 하나님께 부모님으로부터 받지 못했던 사랑, 생명, 평화, 가치, 정체성을 회복시켜 달라고 기도했을 때, 그녀의 몸 여러 부분이 우리 눈앞에서 실제로 변하고 좋아지기 시작했습니다.

기도가 끝났을 때, 줄리는 모든 증상이 완전히 사라진 상태로 걸어나갈 수 있었습니다. 그녀는 밤새 잠을 잘 수 있었고, 통증이나 두려움을 느끼지 않았으며, 머리가 맑아지고 활력이 넘쳤고, 몸의 기능이 정상으로 돌아왔습니다. 그녀는 자기 자신을 믿게 되었고, 평생 누리지 못했던 방식으로 삶을 즐기기 시작했습니다.

나는 줄리와 같은 이야기를 수없이 들었습니다. 그것들은 오랫동안 감정적으로나 육체적으로 고통받아 온 사람들의 이야기입니다. 수많은 치유 시도가 실패로 돌아가면, 자신이나 자신의 믿음에 무엇이 문제인지 의문을 품으며 쉽게 낙심하게 됩니다. 시간이 지나면서, 하나님이 정말 나를 치유하기를 원하시는지, 아니면 이 고통 속에 영원히 살 운명인지에 대한 의심에 빠지게 됩니다. 이런 생각과 감정은 아주 흔합니다. 특히 하나님이 당신을 얼마나 사랑하시고 치유를 원하시는지에 대한 메시지를 들을 때, 당신에게 치유가 일어나지 않는 현실을 이해할 수 없기 때문입니다.

결국에는 고통스러운 질병과 함께 살아가는 새로운 방법을 터득하거나, 비참한 삶 속에서 겨우 버티기 위해 마음의 문을 닫기 시작합니다. 이렇게 되면 낙심이 더욱 심해져서 원치 않는 증상을 더 많이 유발하고, 하나님이 당신을 치유하시기를 원하신다는 진실을 왜곡하게 됩니다.

나는 하나님이 언제든지, 어디서든지, 누구든지 치유하실 수 있다고 믿습니다. 또한, 하나님은 우리 몸과 마음이 자연적으로 치유되도록 창조하셨다고 믿습니다. 그래서 나는 종종 이런 질문을 듣습니다.

"하나님이 내가 낫기를 원하신다면, 왜 나는 치유받기 위해 애쓰거나 치유를 받아도 금방 잃어버릴까요?"

유명한 치유 전도자였던 캐더린 쿨만은 치유 받은 사람들 중 10-15%만이 치유를 유지한다고 말했습니다. 영구적인 치유를 경험하는 사람이 이토록 적다는 것은 불행한 일입니다. 이 때문에 사람들은 기도를 치유의 방법으로 의지하기를 크게 주저하게 되었습니다. 하지만 나는 이 수치가 뒤집혀서 90%의 사람들이 치유된 상태를 계속 유지하기를 소망하고 열망합니다.

하나님께서 이 책에 담긴 치유 기도들을 통해 나에게 보여주신 바로는, 치유된 사람들의 90%(또는 그 이상)가 치유를 유지할 것이라고 기대하는 것이 현실적이라고 믿습니다.

이 책의 주요 목적 중 하나는 영구적인 치유를 가로막는 모든 장벽을 깨뜨리기 위해 하나님께서 당신이 알아야 할 것을 실질적으로 이해하도록 돕는 것입니다.

때로는 사람들이 치유 기도를 해도 응답받지 못했다는 경우가 있습니다. 더 중요한 것은, 그들이 그다음에 어떻게 해야 치유를 받을 수 있는지 모른다는 것입니다. 이것은 교회에서도 흔하게 일어나는 문제입니다. 왜냐하면 영, 혼, 몸이 치유를 받는 것을 막는 장벽에 대한 영적 가르침이 거의 없기 때문입니다. 내가 랜디 클락 박사와 공저한『치유가 일어나지 않을 때 승리를 얻다』에서는 거부감, 불신, 두려움, 의심, 용서하지 못함, 죄, 세상적인 기대, 저주, 영적 전쟁 등 신성한 치유 과정을 방해할 수 있는 근본적인 이유들을 설명했습니다.

(더 자세한 내용은 제11장을 참고하세요.)

치유를 가로막는 흔한 장애물 중 하나는 과거의 해결되지 않은 감정적 트라우마를 내면에 담고 있는 것입니다. 사실, 감정적 트라우마는 너무나 강력해서 오랫동안 내면에 갇혀 있으면 몸을 약하게 하고 질병에 더 취약하게 하며, 치유에 대한 믿음을 약화시키고 특정 증상의 치유를 막을 수 있습니다!

감정은 질병, 통증, 그리고 치유 과정에서 종종 간과됩니다. 나는 수년 동안 치유를 위해 기도하고 그 결과를 지켜보면서, 특히 오래된 질병의 경우, 감정이 마음과 몸의 질병의 치유가 일어나지 않는 가장 흔하고, 가장 오해받고, 가장 가르침이 부족한 이유라는 것을 발견했습니다. 당신이 어떤 부상이나 질병을 겪고 있든, 내면의 감정은 항상 문제의 일부이지만 해결책의 일부로 논의되는 경우는 거의 없습니다. 이것이 바로 질병통제예방센터(CDC)가 육체적 질병의 85%가 감정적인 뿌리를 가지고 있다고 밝힌 이유 중 하나입니다. 감정이 건강에 미치는 영향이 이렇게 높다는 것은 놀라운 일입니다.

우리 몸은 질병에 저항하는 뛰어난 능력이 있습니다. 특히 감정을 규칙적으로 해소하여 마음의 균형을 맞추고 몸의 스트레스 수준을 조절하는 등 자신을 잘 돌볼 때 더욱 그렇습니다.

성경도 우리가 서로에게 상처나 죄를 고백하거나 털어놓을 때 치유될 수 있다고 말합니다(약 5:16 참조). 그러나 쌓여온 상처나 트라우마로 인한 격렬한 감정을 억누르고 있으면, 당신의 몸과 마음은 스트레스를 받고 균형을 잃게 됩니다. 예를 들어, 스트레스의 영향을 가장 많이 받는 신체 시스템은 면역 체계, 심장, 소화기 계통입니다.[1] 이 부위들이 약해진 상태로 기능하면 질병에 더 취약해지고, 질병의 원인이 되며, 특히 억눌린 감정 때문에 치유가 방해받을 수 있습니다. (더 자세한 내용은 제15장을 참고하세요.)

연구자들은 스트레스의 영향과 치유와 건강한 삶을 위해 감정을 표현하는 것의 중요성을 자세히 설명하고 있습니다.

* 정신적, 육체적, 행동적 질병의 최대 98%는 우리의 생각에서 비롯됩니다.[2]
* 스트레스는 모든 질병의 75%의 원인입니다.[3]
* 암의 88%는 유전이 아닌 생활 방식 때문입니다.[4]
* 일차 진료의 75-90%는 스트레스 관련 문제 때문입니다.[5]

---

1) 캐롤 K. 트루먼, *Feelings Buried Alive Never Die*·· (St. George, Utah: Olympus Distributing, 1991), 220-264.

2) 캐롤라인 리프 박사, *Switch on Your Brain* (Grand Rapids, MI: Baker Books, 2013), 33

3) 쉘돈 코헨 박사, 데니스 재니키-디버츠 박사, 그레고이 E. 밀러 박사, "Psychological Stress and Disease," JAMA, 2007.10.10., 1685, https://jamanetwork.com/journals/jama/article-abstract/209083?redirect=true(2018.4.30 접속).

4) International Agency for Research on Cancer and the World Health Organization, "Cancer Statistics and Views of Causes," *Science News*, vol. 115, no. 2(1979.1.13), 23.

5) 폴 로쉬 박사, "Stress and Heart Disease," http://www.stress.org/stress-andheart-disease/(2018.4.30 접속).

2. 이른 시기의 트라우마는 더 큰 고통을 유발한다

고통스러운 육체적, 감정적 사건은 인생 가운데 어느 시기든 발생할 수 있습니다. 하지만 그 사건이 더 어리고 더 심각할수록, 그 경험은 더욱 파괴적일 수 있습니다. 고통스러운 사건이 발생하면, 마치 영혼에 용접된 강철 고리처럼 당신에게 연결됩니다. 고통스러운 사건이 추가될 때마다 또 다른 강철 고리가 당신의 영혼에 용접됩니다. 그 결과, 당신은 상처와 실망으로 이루어진 긴 사슬을 갖게 됩니다.

마사라는 여성은 약 40년 동안 끊임없는 불안에 시달렸고 시간 관리를 제대로 하지 못한다고 불평했습니다. 그녀는 매일 아침 활동을 서둘러 끝내야 한다는 압박감을 느꼈습니다. 서두르지 않으면 머리에 압박감과 배에 불안감을 느꼈습니다.

하나님은 그녀를 10살 때로 데려가셨는데, 그때 그녀의 어머니는 그녀에게 자주 소리를 지르며 실망감과 조급함을 표현했고, 마사는 어머니가 자신을 사랑하지 않는다고 느꼈습니다. 그 결과 마사는 자신이 무능하고, 사랑받지 못하며, 부모님께 끊임없이 실망만 안겨주는 존재라고 생각하게 되었습니다.

그녀가 이 감정들을 하나님께 내어놓고 가족 구성원들을 용서했을 때, 불안감과 압박감이 사라졌습니다. 어린 시절의 그 감정은 너무나 강렬해서, 그녀가 마침내 그것을 드러내고 놓아줄 준비가 될 때까지 40년 동안 이어진 사슬을 만들었습니다.

만약 우리가 자신의 감정을 처리하지 못하면, 부모, 친구, 교사, 애인, 배우자, 고용주 등 당신 삶의 중요한 사람들에게서 받은 각각의 상처와 실망이 건강하지 못한 감정의 사슬에 고리를 더하게 됩니다.

상처를 하나씩 받을 때마다 사슬은 더 무거워지고 감정은 더 격렬해집니다. 육체적 또는 감정적 트라우마로 인한 이러한 상처의 축적은 내면에서 느끼는 감정, 치유에 대해 믿는바, 그리고 다른 사람이나 상황에 반응하는 방식에 큰 영향을 미칠 것입니다. 예를 들어, 해결되지 않은(치유되지 않은) 과거의 상처에서 비롯된 감정을 더 오래 품고 용서하지 않는 마음을 가지고 있을수록, 치유에 대한 믿음에서 씨름하고 다음과 같은 문제들을 경험할 가능성이 더 커집니다.

* 감정적 및 육체적 질병의 증가
* 만성 질환 및 치유 실패
* 치유를 받을 자격이 없다거나, 용서받을 수 없다거나, 합당하지 않다는 느낌
* 하나님께서 나 자신을 사용하여 다른 사람들을 치유하실 수 있다는 것을 의심
* 나의 기도가 효력이 없다는 믿음
* 나는 증상과 함께 살아가야 하고, 치유는 나를 위한 것이 아니라는 믿음
* 하나님께서 나에게 무언가를 배우도록 고통받기를 원하신다는 믿음

만약 당신이 이러한 흔한 문제들 중 어느 하나라도 겪고 있다면, 혼자만 겪고 있는 것이 아닙니다. 수많은 사람이 해결되지 않은 부정적인 감정 때문에 속고 있습니다. 이 감정들은 과거의 상처로부터 경건하지 못한 믿음, 두려움, 거짓말을 만들어냅니다. 고통스러운 경험을 통해 형성된 이러한 건강하지 못한 인식은 현실이 되어 치유를 받는다는 진리와 다른 사람에게 치유 사역을 할 수 있는 당신의 권위

를 믿는 능력을 손상시킵니다. 좋은 소식은, 이러한 문제들을 안고 살아갈 필요가 없다는 것입니다. 당신은 하나님으로부터 온 것이 아닌 것을 드러내고 풀어놓는 새로운 방법을 배우고, 하나님께서 당신이 갖기를 원하시는 것을 받을 수 있습니다.

메리라는 여성은 우리가 몇 번 기도한 후에도 치유되지 않았습니다. 내가 그녀에게 치유를 받고 싶은지 물었을 때, 메리는 치유를 '원하는' 것과 치유를 '기대하는' 것은 다르다고 느낀다고 말했습니다. 그녀는 자신이 치유 받을 만큼 "충분히 좋지 않은데" 하나님이 자신과 같은 사람을 치유하고 싶어 하실지 모르겠다고 했습니다. 메리가 그 말을 했을 때 어떤 기분이 들었는지 내가 묻자, 그녀는 슬픔과 거부감을 느꼈다고 말했습니다.

하나님께서는 메리가 어린 시절 아파서 침대에 누워 있던 것을 기억하도록 하셨습니다. 메리의 어머니는 항상 바빴기 때문에, 그녀의 어린 시절은 어머니의 방치로 인해 슬프고, 외롭고, 지루하고, 거부당한 감정으로 가득했습니다. 이 경험은 그녀가 보살핌을 받을 만큼 충분히 좋지 않다는 믿음을 만들었고, 어머니의 사랑 부족은 그녀가 좋은 것을 받을 자격이 없다는 느낌을 갖게 했습니다.

메리가 상처받고, 슬프고, 공허한 감정들을 놓아주자, 그녀는 성인이 되어 느끼는 외로움, 슬픔, 충분히 좋지 않다는 감정이 어린 시절과 같다는 것을 깨달았습니다. 그녀가 예수님께서 자신을 껴안고 사랑하시는 것을 상상했을 때, 그녀는 자신이 침대에 앉아 몸이 나아지는 것을 보았습니다. 그다음, 그녀는 예수님께서 웃고 즐거워하시며 심지어 침대 위에서 함께 뛰는 것을 상상했습니다. 메리가 자신에 대한 진실을 깨닫자 그녀의 얼굴이 환해지는 것을 볼 수 있었습니다.

3. 감정의 중요성

감정은 우리가 하는 일에 가치, 목적, 의미를 부여하는 데 필수적이라는 연구 결과가 있는 만큼, 감정의 중요성은 무시할 수 없습니다. 감정은 온몸을 하나의 목적으로 통합하고, 시스템을 통합하며, 정신적 과정과 생물학을 조율하여 행동을 만들어냅니다.[6)]

성경도 예수 그리스도께서 공생애 동안에 감정을 어떻게 드러내셨는지 언급합니다. 성경은 우리가 하나님을 본받는 자가 되어야 한다고 말씀합니다.

> "그러므로 사랑을 받은 자녀 같이 너희는 하나님을 본받는 자가 되고"(엡 5:1).

예수님은 하나님께서 원하시는 우리의 모습에 가장 훌륭한 본이셨기에, 하나님께서는 우리도 예수님처럼 비통함, 두려움과 고뇌, 분노, 눈물, 거부감, 그리고 기쁨과 같은 감정을 보여주기를 원하십니다.

> "이에 말씀하시되 내 마음이 매우 고민하여 죽게 되었으니 너희는 여기 머물러 나와 함께 깨어 있으라 하시고"(마 26:38).
> "예수께서 힘쓰고 애써 더욱 간절히 기도하시니 땀이 땅에 떨어지는 핏방울 같이 되더라"(눅 22:44).
> "노끈으로 채찍을 만드사 양이나 소를 다 성전에서 내쫓으시고 돈 바꾸는 사람들의 돈을 쏟으시며 상을 엎으시고" (요 2:15).
> "예수님께서 눈물을 흘리시더라"(요 11:35).
> "그 때에 예수께서 성령으로 기뻐하시며 이르시되"(눅 10:21a).

---

6) 리프, 88.

내 요점은, 만약 우리가 예수님을 닮고 싶고 건강한 삶을 유지하고 싶다면, 예수님께서 하셨던 것처럼 감정을 표현해야 한다는 것입니다.

사도 바울 역시 예수님을 가장 훌륭하게 본받는 자였기에 이렇게 썼습니다.

> "너희는 내게 배우고 받고 듣고 본 바를 행하라. 그리하면 평강의 하나님이 너희와 함께 계시리라"(빌 4:9).

그러므로 우리가 하나님께서 창조하신 방식대로 감정을 표현할 때, 우리는 하나님께서 경험하기를 의도하신 평화, 기쁨, 치유를 찾을 것입니다.

하나님께서 우리에게 주신 감정은 어떻게 살아가느냐에 매우 중요합니다. 우리는 두려움, 거짓말, 질병을 가져오는 사건이나 상황을 통제할 수는 없지만, 치유하기 위해 감정을 어떻게 다룰지는 선택할 수 있습니다. 성경 디모데후서 1장 7절에서 "하나님이 우리에게 주신 것은 두려워 하는 마음이 아니요 오직 능력과 사랑과 절제하는 마음이라."고 말씀합니다. 우리가 질병을 통제하든지, 질병이 우리를 통제하게 내버려 두든지 우리에게 선택권이 있습니다. 다음 장들에서는 성공적이고 영구적인 치유를 얻기 위해 감정과 질병을 통제하는 방법에 대해 더 많이 배우게 될 것입니다.

제2장

감정적 트라우마가 일으키는 일들

1. 로저의 치유 이야기

로저는 극심한 고통 속에서 내 앞에 앉아 기도를 요청했습니다. 그의 마음 한편으로는 치유를 바라고 있었지만, 다른 한편으로는 의심으로 가득 차 있었습니다. 절박함은 35년 전 음주 운전자가 몰던 오토바이에 치인 사고 이후로 그가 겪어 온 고통에서 비롯되었습니다. 그의 얼굴에는 사고를 묘사하는 고통으로 가득한 삶과 함께해 온 슬픔과 긴장이 드러나 있었습니다. 그는 사고로 인해 척추가 터지고, 디스크가 튀어나왔으며, 다리가 부분적으로 절단되고, 여러 갈비뼈가 부러지며 폐에 구멍이 났다고 말했습니다. 수년간 로저는 어느 정도 호전되었지만, 여전히 삶의 질에 심각한 영향을 미치는 통증에 시달리고 있었기 때문에, 자신의 기도가 응답받지 못했다고 믿었습니다. 한쪽 다리가 다른 쪽보다 1인치 짧아 심한 허리 통증과 움직임의 제약을 겪고 있었습니다. 통증 수준을 0에서 10까지(10이 가장 고통스러움)로 말해달라고 했을 때, 그는 항상 "15"라고 말했습니다. 수년간 그는 몸과 마음에 미치는 영향 때문에 처방받은 진통제 복용을 중단했습니다.

로저는 어떻게 해야 할지 더는 몰랐고, 한계에 다다른 상태였습니다. 의사들은 진통제 처방 외에는 해줄 수 있는 것이 없다고 했습니다. 그는 만약 치유가 일어나지 않을까 두려워서 기도 요청하는 것을 힘들어했습니다. 그는 자신의 믿음을 의심하며 하나님께서 정말 자신이 치유되기를 원하시는지 의문을 품고 있었습니다.

나는 로저에게 많은 트라우마와 고통에 대한 이러한 반응들은 정상적인 것이라고 말해주었습니다. 하나님께서 그가 이렇게 살고 있는 것에 대해 슬퍼하신다는 것과, 당신 자신보다 훨씬 더 그가 치유되기를 원하신다고 말해주었습니다. 로저처럼 연이은 실망을 겪어 온 사람들에게 나는 먼저 여전히 치유받기를 원하는지 묻습니다.

만약 그 사람이 '아니오'라고 대답하거나 망설인다면, 왜 그렇게 느끼는지 묻습니다. 그들의 대답을 살펴보고 치유를 막고 있는 다른 문제들이 드러나는지 확인합니다.

로저는 '예'라고 대답했기 때문에, 나는 그의 치유를 막고 있는 것이 무엇인지 함께 찾아보자고 말했습니다.

나는 로저에게 사고를 회상하고, 사고 현장과 자신 사이에 예수님이 서 계시는 모습을 상상해 보라고 했습니다. 그리고 예수님의 이름으로 로저에게서 감정적, 육체적, 시각적 트라우마가 떠나라고 명령했습니다.

로저가 트라우마를 풀어놓고 상대방 운전자를 용서하자, 나는 로저의 다리를 맞춰달라고 하나님께 간청했습니다. 우리가 지켜보는 가운데 짧았던 그의 다리가 길어졌고, 그는 저절로 골반이 맞춰지는 것을 느꼈으며, 허리 통증은 완전히 사라졌습니다. 즉시 로저는 통증

없이 서 있고, 걷고, 허리를 굽혀 손을 발끝에 닿게 할 수 있었습니다.

2. 모든 상처는 우리의 시스템에 대한 트라우마이다

우리가 로저의 경험을 얼마나 공감하든 상관없이, 나는 삶이 여전히 몸(육체)과 혼(마음, 의지, 감정)에 큰 영향을 미칠 수 있는 상처와 고통으로 가득하다는 것을 알고 있습니다.

우리가 받는 어떤 상처나 아픔(감정적 또는 육체적)이 우리의 시스템에 대한 어떤 형태의 트라우마라는 것을 깨달아야 합니다.

상처(wound)라는 단어는 그리스어 '트라우마'(trauma)의 영어 번역이며, 이것이 내가 이 책 전체와 치유를 위해 기도할 때 트라우마라는 단어를 사용하는 이유입니다. 우리는 여전히 '상처받은'(hurt), '부상당한'(wounded), '손상된'(injured), '학대 받은'(abused), '부당한 대우를 받은'(mistreated)과 같은 단어들을 사용할 수 있지만, 이 모든 것은 트라우마입니다. 트라우마는 다양한 형태로 나타납니다.

육체적 트라우마는 신체적 학대, 사고, 부상, 심지어 수술을 포함하여 신체에 직접적인 해를 입히거나 손상을 주는 것입니다.

세포 기억 트라우마는 육체적 트라우마와 상응합니다. 신체에 육체적 트라우마가 있을 때, 당신의 조직, 세포, 근육, 인대, 장기 등 모든 것은 살아있는, 감각을 가진 유기체로서 트라우마에 대한 기억을 간직합니다.

감정적 트라우마는 육체적 트라우마를 경험하는 것과 관련된 부정적인 감정입니다. 이러한 감정에는 고통, 두려움, 슬픔이 포함됩니다. 감정적 트라우마는 당신에게 향한 고통스러운 언어 표현에서 비롯될 수도 있습니다. (더 자세한 정보는 제11장의 '오해된 가정 폭력 트라우마' 부분을 참고하세요.)

다른 트라우마들에는 파괴적이거나 불쾌한 것을 보는 시각적 트라우마(예: 어릴 적 아버지가 화내는 것을 보는 것), 무서운 소리로 인한 청각적 트라우마, 또는 오랜 시간에 걸쳐 한 가지 트라우마적 사건이나 많은 트라우마적 기억들이 축적된 일반적인 기억 트라우마가 포함될 수 있습니다. 우리가 고통스러운 경험을 상처라고 부르든 트라우마라고 부르든, 마음과 몸의 회복을 위해 드러내고 풀어놓아야 하는 동일한 고통과 괴로움입니다. 이 책을 통해 이러한 트라우마에 대해 더 자세히 배우게 될 것입니다.

3. 모든 해로운 사건은 육체적 트라우마를 만든다

우리가 육체적으로 해를 입으면, 몸은 어떤 종류의 신체적 부상과 함께 육체적 트라우마와 세포 기억 트라우마를 겪게 됩니다. 우리 몸의 모든 것이 살아있으므로, 근육, 인대, 장기, 피부 등의 모든 세포는 우리 자신이 트라우마를 풀어놓을 때까지 부상의 고통(세포 기억 트라우마)을 지니고 있을 것입니다. 여기에는 우리 자신이 기억하지 못하는 신체 부상도 포함될 수 있습니다.

예를 들어, 힘든 출산 경험이나 산도(産道)에서 오래 머물렀던 시간은 두려움과 불안을 야기할 수 있습니다. 수술 중 마취 상태에 있을 때조차도, 몸은 세포 기억 트라우마를 경험할 수 있습니다. 수술 절차가 고통을 완화하기 위해 의도되었음에도 불구하고, 그 후 수년간 신체적 통증을 겪은 사람들의 증언이 많습니다. 그 결과, 통증이 계속되거나 심해졌습니다. 그 사람이 수술 사건을 떠올리고 세포 기억에게 떠나라고 명령했을 때, 통증은 사라졌습니다.

한 남성이 무릎 인대 파열을 치료하기 위한 수술을 받았습니다. 수술 후, 그는 통증 수준 6에 해당하는 지속적인 통증을 느끼기 시작했습니다. 나는 그 남성에게 수술대 위에 누워 있는 자신을 시각화하게 했습니다. 그리고 예수님께서 그의 무릎에 손을 얹으시는 모습을 상상하게 했습니다. 내가 육체적, 세포 기억 트라우마에게 떠나라고 명령하자 그의 통증이 사라졌습니다. 수술 후에 무슨 일이 있었는지 물었더니, 그는 통증 수준이 8이었고 많은 두려움을 느꼈다고 말했습니다. 두려움은 고통의 문을 열어주기 때문에, 나는 그에게 회복실에 서 계신 예수님을 상상하게 했습니다. 그런 다음 우리는 두려움에게 떠나라고 명령하고 예수님께 위로, 생명, 빛의 방패가 되어달라고 간구했습니다. 통증과 두려움은 사라졌습니다.

4. 모든 해로운 사건은 감정적 트라우마를 만든다

우리가 육체적 또는 감정적으로 상처를 입을 때마다 항상 감정적 반응(또는 감정적 트라우마)이 따릅니다. 그 사건의 결과로 충격, 상처, 슬픔, 두려움, 분노, 격동을 느낄 수 있습니다. 사건 중이나 후에 고통스러운 감각이 클수록, 트라우마의 흔적은 자신의 기억 속에 더 깊이 새겨지고, 미래의 사건에서 해를 입을까 하는 두려움이 더 커집니다.

예를 들어, 아버지의 화내는 얼굴과 훈육한다고 벨트로 당신의 몸을 때릴 때 느꼈던 고통은 많은 트라우마적 감각을 만들어냈을 것입니다. 치유 기도 단계(제10장 참조) 동안, 나는 예수님의 이름으로 감정, 시각, 소리의 모든 기억, 그리고 다른 육체적, 세포 기억 트라우마가 떠나라고 명령합니다. 그리고 그 모든 영역에 치유와 온전함을 선포합니다.

빌은 교통사고로 차가 전복되었을 때 실금 골절을 입었습니다. 4년 후, 그의 손목은 지속적으로 통증 수준 4를 느꼈습니다. 통증은 팔을 타고 어깨까지 올라와 팔과 손목의 움직임을 제한했습니다. 매일 밤에는 통증 수준 10에 달하는 통증을 손목에 느꼈습니다. 여러 가지 이유로 빌은 사고 당시 치료를 받지 못했고, 의사들은 이제 해줄 수 있는 것이 없다고 말했습니다. 빌은 결국 관절염으로 진행될 이 통증과 함께 살아가야만 했습니다.

빌은 수년간 기도를 받았지만 거의 효과가 없었습니다. 나는 그에게 예수님께서 그를 보호하시는 가운데 사고를 마음속으로 상상하게 했습니다. 다음으로, 나는 그에게 사건에 대한 모든 '느낌을 나타내는 단어들'을 예수님께 내어놓으라고 요구했습니다. 그렇게 하면서 그는 사고 전, 사고 중, 사고 후에 경험했던 두려움과 상처를 풀어놓았습니다. 우리는 그의 진단이 사라지도록 기도했습니다.

그는 상대방 운전자를 용서했고, 우리는 그의 손목이 치유되도록 명령했습니다. 즉시 그의 통증은 수준 2로 줄었습니다. 여전히 통증이 있었기 때문에 나는 추가적인 감정이 풀어져야 한다는 것을 알았습니다. 빌이 지난 4년간 이 병을 안고 살았던 것에 대한 실망감을 풀어놓자, 나는 남은 통증에게 예수님의 이름으로 떠나라고 명령했습니다. 빌은 통증 없이 걸어 나갔습니다. 하나님을 찬양합니다.

5. 모든 해로운 사건은 신념을 만들고 신앙에 영향을 미친다

우리의 신념 체계는 어린 시절부터 시작됩니다. 기억과 감정의 각인은 이 가장 취약한 시기에 발생합니다. 그 결과, 해로운 사건은 두 가지 주요한 신념을 만들어낼 수 있습니다.

첫째, 다른 사람들과 환경에 대한 안전의 부족과 취약성을 느낍니다. 이는 자신의 감정을 표현하기를 너무 불신하거나, 다른 사람들과 하나님 앞에서 자신의 감정에 취약해지는 것을 두려워하는 사람들에게 특히 분명하게 나타납니다.

둘째, 아래와 같이 자신에 대한 부정적인 신념을 갖게 됩니다.

* 나는 나쁘다.
* 나는 충분히 좋지 않다.
* 나는 갈등이 두렵다.
* 나는 좋은 것을 받을 자격이 없다.
* 나는 권위 있는 사람들을 두려워한다.
* 나는 고통받도록 되어 있다.

건강하지 않은 생각과 부정적인 감정과 함께 살아가는 것은 진실에 대한 인식을 왜곡하고 신념에 위기를 만듭니다. 신념(belief)은 자신을 정의하기 위해 사용하는 것이고, 신앙(faith)은 그것을 표현하기 위해 나타내는 행동입니다. 만약 자신이나 자신의 감정에 대해 부정적인 믿음을 품고 있다면, 어떤 것도 느끼거나 행할 자신감을 갖지 못하고 앞으로 나아갈 수 없을 것입니다.

애니는 수년간 우울증에 시달렸고, 자신이 충분히 잘하지 못할 것이라는 믿음 때문에 무엇을 성취하는 것을 평생 두려워하며 살았습니다. 내가 치유 기도 단계들을 사용했을 때, 하나님께서는 애니를 초등학교 4학년 때로 데려가셨습니다. 선생님이 반 친구들에게 점토로 원하는 것을 무엇이든 창의적으로 만들라고 말했습니다. 어린 애니는 자신이 만든 그릇과 뚜껑을 선생님께 보여주는 것을 매우 자랑스러워했습니다. 그러나 선생님은 "이건 너무 작아서 쓸모없을 거야"라고 말했습니다. 그리고 애니는 선생님이 찰흙 뚜껑을 부셔서 그릇 안에 넣어버리는 것을 보았습니다. 애니는 그 경험이 파괴적이었다고 묘사했으며, 자신이 짓눌리고, 충분히 좋지 않으며, 어떤 것을 성취할 자신감이 없다는 느낌을 받게 되었다고 말했습니다. 그녀는 자신의 어린 시절 경험이 신뢰로 나아가는 것을 가로막는 부정적인 신뢰의 시작점이었다는 것을 깨달았습니다. 그녀가 선생님과 자신 사이에 서서 보호해달라고 예수님께 간구했을 때, 그녀는 감정과 부정적인 신뢰를 풀어놓고 선생님을 용서할 수 있었습니다. 애니는 즉시 우울증에서 벗어났습니다.

많은 경우, 어린 시절 영향력 있는 한 사람의 말만으로도 좋은 쪽이든 해로운 쪽이든 가장 큰 변화를 만들 수 있습니다. 성경 잠언 18장 21절은 "죽고 사는 것이 혀의 힘에 달렸다."고 말합니다.

6. 이것이 치유와 어떻게 관련되는가?

해로운 경험을 통해 만들어진 이러한 건강하지 못한 인식이나 신념은 현실적으로 치유 받는다는 진리와 다른 사람을 치유할 수 있다는 믿음의 능력을 손상시킵니다.

성경 잠언 23장 7절에서 당신이 생각하는 바가 당신의 존재에 영향을 미친다고 말씀합니다. 어린 시절에 형성된 인식은 일상적인 생활패턴이 될 수 있으며, 이는 죄책감, 의심, 무가치함, 두려움, 사랑받지 못함, 불안, 버려짐, 취약성 등 건강하지 못한 믿음과 감정을 강화할 수 있습니다. 이로 인해 하나님께서 우리를 위해 준비하신 것을 받기가 더 어려워집니다. 그 까닭은 이렇습니다.

* 우리는 경계를 풀고 사람이나 하나님을 마음속에 들이는 것이 안전하지 않다고 느끼기 때문입니다.
* 우리는 치유가 일어날 수 있다는 것을 의심하기 때문입니다.
* 우리는 치유나 하나님의 사랑을 받을 가치가 없다고 느끼기 때문입니다.
* 우리는 하나님께 사랑받지 못하거나 원치 않는 존재라고 느끼기 때문입니다.
* 우리는 다시 상처받을까 봐 두려워하기 때문입니다. 이러한 거짓말의 목록은 끝이 없습니다.

이러한 경건하지 못한 신념의 가장 흔한 각인은 무능함, 사랑받지 못함, 불안정함에 대한 감정입니다. 이것들은 우리 자신의 감정에 대해 정직하기를 두려워하게 하고, 궁극적으로 치유를 받을 가치가 없다고 느끼게 하는 또 다른 거짓말을 만들어냅니다. 심지어 치유를 받은 사람들도 건강하지 않은 신념 때문에 치유를 유지하기 위해 애쓰거나 하나님의 사랑과 은혜를 더 받을 가치가 없다고 느낄 수 있습니다.

게다가, 죽거나, 우리를 떠나거나, 방치하거나, 학대한 중요한 사람들로 인해 해결되지 않은 과거의 고통은 많은 건강하지 않은 두려움을 만들어낼 수 있으며, 이는 성인이 되어서도 이어질 수 있습니다. 이 사람들은 사랑받지 못하고, 버려졌고, 배신당했다고 느끼며, 감정적으로 가까워지기 힘들어하고, 하나님을 포함한 다른 사람들을 신뢰하는 데 어려움을 겪습니다. 이러한 감정을 풀어놓지 않으면, 평생 우리 자신이 믿는 것의 토대가 될 수 있습니다. 예를 들어, 부모님이 소리쳤을 때 불안하고 두려움을 느꼈다면, 목소리를 높이는 사람은 누구나 안전하지 않다고 믿는 경향이 있을 것입니다. 다음 도표는 트라우마의 진행과 트라우마가 만들어내는 부정적인 결과를 보여줍니다.

육체적 트라우마	만든다a	감정적 트라우마	만든다a	거짓 믿음	만든다a	삶과 치유에 대한 반응들
어머니는 모독적인 말을 한다. 아버지는 집을 떠난다.	a	두려움, 거절, 포기	a	사람들은 안전하지 않다. 그들은 신뢰할 수 없다.	a	사람들이나 하나님이 돕거나 치유한다는 것을 신뢰할 수 없다. 감정적으로 가까워지는 것을 두려워 한다.

마음을 치유하고, 믿음을 바로잡고, 삶에 대한 반응을 바꾸려면, 그 사람이 감정적 트라우마를 풀어놓을 만큼 충분히 안전하다고 느낄 수 있는 환경을 만드는 것이 중요합니다. 이것은 제10장 치유 기도 단계들에서 더 자세히 설명될 것입니다.

건강하지 않은 감정적 트라우마 사건들은 건강하지 않은 믿음과 용서하지 못하는 마음을 만드는 데 한몫하기 때문에, 원래의 상처를 풀어놓는 것이 중요하며, 그렇게 함으로써 종종 건강하지 않은 믿음이 자동으로 풀어져 용서가 더 쉬워집니다. 건강하지 않은 믿음(즉, 무가치함, 자신감 부족 등)을 풀기 어려워하고 용서하지 못하는 것은, 추가로 건강하지 않은 감정들이 드러나고 풀어놓아져야 한다는 증거입니다. 다음 장들에서는 건강하지 않은 감정들을 어떻게 인식하고, 어떻게 드러내고, 어떻게 풀어놓는지에 대해 더 자세히 설명할 것입니다.

제3장

억눌린 감정은 마음과몸의 질병과 연결된다

1. 건강하지 않은 감정의 결과들

해로운 경험이 올바르게 처리되면, 그 감정적, 육체적, 정신적 정보는 마음에 통합되어 현재나 미래의 반응에 사용될 수 있도록 저장됩니다. 하지만 한 번에 지나치게 많은 건강하지 않은 감정(트라우마)을 경험하면, 마음은 모든 정보를 제대로 처리할 수 없게 됩니다. 그 결과, 감정, 이미지, 소리, 신체적 감각이 트라우마 상태에 갇히게 되고, 마음은 충격으로부터 자신과 몸을 보호하기 위해 정보를 억누릅니다. 또한, 우리의 초기 양육자들이 감정을 푸는 방법을 보여주지 않았거나, 우리가 느끼는 감정을 표현하지 못하도록 막았다면, 우리가 건강하지 않은 감정을 억누르는 것은 자연스러운 일입니다. 시간이 지나면서, 억눌린 감정은 세포, 근육, 힘줄, 그리고 신체 시스템[1] 전체에 저장되어 기능 약화 상태를 만들고, 이는 몸을 질병에 더 취약하게 하며 치유를 덜 받거나 수용할 수 없게 만듭니다.

---

1) 피더 채펠, *Emotional Healing with Homoeopathy* (Rockport, MA: Element, 1994), 23.

다음은 억눌린 감정을 가지고 있다는 것을 나타내는 몇 가지 주요 징후들입니다.

* 감정이 무뎌지거나, 감정적 반응이 없거나 매우 제한적입니다.
* 어린 시절의 기억이 떠오르지 않거나 주기적으로 끊깁니다.
* 감정을 표현하기가 매우 어렵거나, 다른 사람들과 있을 때 침묵하게 됩니다.
* 방어적이 되거나 감정적인 분노를 터뜨립니다.
* 대화 중에 '혀가 꼬이고', 무슨 말을 해야 할지 모릅니다.
* 갈등 상황을 두려워하거나 자신의 생각과 감정을 나누는 것을 두려워합니다.
* 내면의 감정(예: 불안, 슬픔)을 말로 표현할 수 없습니다.
* 의학적, 영적 방법으로도 감정적, 신체적 증상이 개선되지 않습니다.
* 행동, 생각, 감정이 무감각하거나, 불규칙하거나, 폭력적이거나, 비이성적으로 변합니다.

해결되지 않은 건강하지 않은 감정이 더 오래 남아 있을수록, 몸이 다른 건강하지 않은 문제들, 예를 들어 스트레스 증가, 몸과 혼과 영의 단절, DNA 구조 변화, 감정적 및 육체적 질병을 일으킬 잠재력이 커집니다. 만약 우리가 교정적인 변화를 만들지 않으면, 위에서 언급한 건강하지 않은 문제들로 평생 고통받을 뿐만 아니라, 다음 세대에게도 건강하지 못한 상태를 물려주게 될 것입니다.

2. 스트레스

어느 정도의 스트레스는 정상적이고 당신이 더 기민하게 행동하도록 도울 수 있지만, 과도한 스트레스는 신체적, 감정적, 정신적 해를 초래합니다. 스트레스는 뇌졸중, 심장마비, 궤양, 수면 장애, 직장에서의 업무 문제, 우울증, 불안, 심지어 외상 후 스트레스 장애와 같은 정신 질환의 위험을 증가시킬 수 있습니다.[2] 스트레스를 줄이는 가장 좋은 방법은 규칙적인 운동, 좋은 식단, 적은 업무 압박 등 자신을 제대로 돌보는 것입니다. 특히 안전하고 긍정적인 사람들과 솔직하게 생각과 감정을 표현하는 것이 중요합니다.

존은 내게 "제 삶은 꽉꽉 막혔어요"라고 말했습니다. 그는 직장에서 스트레스를 받아 자신이 그곳에 있고 싶은지에 대해 의문을 품었습니다. 존의 자신감 부족은 그가 직장에서 자주 "망쳤다"고 느끼게 만들었습니다. 그는 상황을 바꿀 수 없어 무력감을 느꼈습니다. 그는 인생에 목표가 거의 없으며 새로운 일을 시도하는 것에 불안감을 느낄 때 하나님을 신뢰하여 위로받기가 어렵다고 인정했습니다. 그 결과, 존은 불행하고, 의욕이 없고, 미래에 대해 희망이 없다고 느꼈습니다.

존의 성숙한 나이와 능력으로 볼 때, 그가 감정을 표현하기 위해 사용한 단어들에서 그가 해결되지 않은 어린 시절의 트라우마로 고통받고 있다는 것을 알 수 있었습니다.

하나님은 존이 다섯 살 때 일어난 일을 기억나게 하셨습니다. 그때 그의 형제자매들은 집을 떠났습니다. 그는 감정을 잘 드러내지 않고 종종 육체적으로 자리를 비우는 부모님과 함께 남겨졌습니다. 그의 가정생활은 사람들이 떠날까 봐 두려워하는 마음(버림받음), 삶에 대

2) https://en.wikipedia.org/wiki/Psychological_stress(2018.5.17 접속).

한 불확실성(절망), 어둠에 대한 두려움(혼자 있음), 자신의 환경에 대해 아무것도 할 수 없다는 무능력(무력감), 그리고 부모로부터 위로를 받지 못하는 것(무가치함)과 같은 상처를 새겨 넣었습니다.

하나님께 과거의 트라우마를 드러내달라고 요청하고 그에 상응하는 건강하지 않은 부정적 감정들을 풀어놓은 후, 존은 다른 기분을 느꼈고 하나님으로부터 좋은 것을 받아들일 수 있었습니다. 우리가 그에게 건강한 감정과 새로운 관점을 주시도록 기도했을 때, 그는 직장에서와 같은 삶의 불확실성이 예수님께 위로와 자신감을 요청함으로써 확실성으로 대체될 수 있다는 것을 깨달았습니다.

존이 상황에 대한 위로를 가져다줄 하나님으로부터의 계시를 받을(그리고 받아들일) 수 있으려면, 먼저 건강하지 않은 과거의 감정을 풀어놓는 것이 필요했습니다. 어린 시절의 건강하지 않은 감정에 대한 각인은 항상 당신의 더 논리적인 성인의 생각과 행동보다 더 강한 영향을 미칠 것입니다. 따라서 만약 우리가 행동, 말, 믿음에 미성숙함을 보인다면, 이것은 치유가 일어날 것이라고 믿기 전에 드러내고 풀어놓아야 할 어린 시절의 문제들을 가지고 있다는 확증입니다. '치유 기도 단계들'은 이러한 문제들을 파악하고 풀어주는 데 도움이 될 것입니다.

3. 억눌린 감정은 몸과 혼과 영을 단절시킨다

억눌린 감정은 영으로부터 단절시켜, 하나님의 음성을 듣거나, 그분을 느끼거나, 감지하는 능력, 또는 치유될 수 있다는 믿음과 다른 사람들을 치유할 권위를 방해합니다. 우리가 해로운(트라우마적) 사건을 경험할 때, 특히 12세 이전(사춘기 이전)에는, 그 트라우마에서 오는 감정이, 사건이 발생했을 때의 감정 수준에 갇힐 수 있습니다. 만약 아이가 부정적 감정을 풀어놓지 못하면, 그 감정은 억눌려 깊은 내면에 자리 잡게 됩니다. 그 결과, 그 트라우마적 감정들이 다뤄지지 않는 한, 성인이 된 사람은 동일한 미성숙한 감정 발달 수준으로 감정적 반응을 보일 수밖에 없습니다. 이것이 사람들이 현재 일어나고 있는 사건에 비해 부적절해 보이는 더 큰 강도의 미성숙한 반응을 보이는 이유입니다.

우리가 감정적으로 미성숙한 반응 수준에 갇혀 있으면, 느끼는 감정을 넘어 생각할 수 없습니다. 예를 들어, 우리가 여섯 살 때 사랑하는 사람이 죽거나 집을 떠났다면, 그때 경험했던 상실감과 버려짐에 대한 감정적 고통과 두려움은 성인이 되어서도 치유를 위해 하나님을 신뢰하지 못하게 하는 동일한 감정이 될 수 있습니다. 어린 시절의 감정이 내면에 더 많이 억눌릴수록, 하나님의 음성을 듣거나 치유를 믿을 수 없게 됩니다. 이는 그 지배적인 감정이 듣거나 이해하는 능력을 차지하기 때문입니다. 그 결과, 성인으로서의 논리적인 믿음과 반응 대신, 어린 시절의 감정에서 비롯된 믿음, 느낌, 반응을 보일 것입니다.

이것이 미성숙하거나 감정적으로 마음의 문을 닫은 사람들을 위해 기도하는 것을 더 어렵게 만들 수 있습니다. 그들은 자신의 치유에 대한 진리를 듣거나 믿을 수 없으며, 기도해 주는 사람이 하는 말(또는 하나님이 그들이 알기를 원하시는 것)을 지시나 안내가 아닌 비판과 판단으로 해석할 수 있습니다. 이는 그들이 이전에 권위 있는 사람에게 판단받고 상처받았던 시기의 감정적 나이에 갇혀 있기 때문입니다. 이는 그들이 느끼는 감정적 거짓말이나 그들이 가지고 있는 믿음을 넘어 성장하는 것을 방해합니다. 예를 들어, 우리가 감정적으로 미성숙하게 반응하고 있을 때의 행동은 다음과 같습니다.

① 자신의 능력이나 치유를 믿을 수 없어 의심하고, 비판하고, 비하하고, 질문하고, 판단합니다.
② '의심해', '못해', '불공평해', '두려워', '절망적이야', '무력해', '매우 좋지 않아', '나빠', '사랑받지 못해', '원치 않아', '멍청해', '길을 잃었어', '허전해'와 같은 단어들을 말하거나 듣습니다.
③ 자기 자신의 사명, 은사, 재능, 능력을 믿지 않습니다.
④ 포옹, 입맞춤, '사랑해'라고 말하는 것과 같은 애정 표현을 자유롭게 주고받지 않습니다.
⑤ 방어적이고, 비꼬고, 비판적이거나, 감정적으로 문을 닫고, 분노를 폭발시키거나, 문을 쾅 닫거나, 울음을 터뜨리거나, 침묵하거나, 소리를 지르고, 말다툼하는 것과 같은 분노 발작을 보입니다.

우리가 기도해 주는 사람에게서 위와 같은 반응을 보거나 들을 때, 그들이 어디서 상처를 받았는지 파악하기 위해 그들의 말과 행동을 듣고 지켜보는 것이 중요합니다. 또한 그 사람이 사건이 일어났을 때 느낀 감정을 파악하도록 돕고, '치유 기도 단계들'을 사용할 수 있습니다.

한 여성이 내 사무실에서 울면서 자신이 하나님의 사랑을 충분히 받지 않는다고 표현했습니다. 나는 이런 종류의 믿음이 어린 시절에 시작되었다는 것을 알았기 때문에, 그녀에게 부모님과의 관계에 대해 물었습니다. 그녀는 어머니가 자신을 사랑해주지 않았고, 자신이 (어린 소녀로서) 아버지와 가까워지려고 하면 질투했다고 대답했습니다. 내가 그녀에게 어린 소녀로서의 자신과 그녀와 부모님 사이에서 계신 예수님을 상상하게 하자, 그녀는 갑자기 보호받는다고 느꼈습니다. 그녀는 부모님으로부터 사랑받지 못한 것이 자신의 잘못이 아니라는 것을 깨달았습니다. 내가 그 어린 소녀에게 예수님께서 무엇을 하시는지 물었을 때, 그녀는 예수님께서 팔로 그녀를 안아주시는 것을 상상했다고 했습니다. 나는 그 여성에게 예수님께서 안아주시는 것을 상상하며 작은 베개를 안도록 주었습니다. 내가 그녀의 머리에 손을 얹고 하나님 아버지의 축복이 임하기를 기도해주자, 그녀는 다시 울기 시작했지만, 이번에는 하나님 아버지에게 사랑받고 소중히 여겨진다는 기쁨의 눈물이었습니다.

4. DNA 변화

우리의 DNA는 모든 현대 생명체가 기능하고, 성장하고, 번식하는 데 사용되는 유전 정보를 담고 있습니다. DNA는 바이러스를 포함한 모든 알려진 살아있는 유기체의 성장, 발달, 기능, 번식에 사용되는 유전 지침을 담고 있는 분자입니다.[3] DNA는 세포 구조를 운영하고 우리의 몸 전체에 있는 모든 세포와 연결되는 기반 구조입니다. 이것은 몸 전체의 주요 통신망 역할을 합니다. 우리의 감정은 DNA를 프로그램하고 세포의 면역 체계를 형성합니다. 부정적인 감정은 면

3) http://altered-states.net/index2.php?/cart/index.php?main_page=product_info&products_id=1556(2018.5.17 접속).

역 체계의 응집력을 파괴하는 반면, 긍정적인 감정은 그것을 향상시킵니다.[4] 캐롤라인 리프 박사는 자신의 책 『스위치 온 유어 브레인』(Switch On Your Brain)에서 '하트매스 연구소'(HeartMath Institute)의 연구를 인용하며, 분노, 두려움, 좌절과 같은 생각과 감정이 DNA를 그 생각과 감정에 따라 모양을 바꾸게 한다고 보고했습니다. DNA는 많은 코드를 꺼버려 반응했고, 이는 질 좋은 발현을 감소시켰고, 결국 부정적인 감정 때문에 신체적 기능 저하를 초래했습니다.[5] 리프 박사는 사랑, 기쁨, 감사와 같은 감정이 증가함에 따라 DNA 코드의 부정적인 기능 저하나 질 저하가 역전되었다는 좋은 소식을 전합니다.[6]

내가 말했듯이, 감정의 표현은 우리의 건강을 방해하거나 건강한 신체적 웰빙과 하나님과의 관계를 유지하는 데 큰 영향을 주는 것 중 하나입니다. 좋은 소식은, 우리가 건강하지 않은 감정을 드러내고 풀어놓으며 건강한 것을 회복하는 법을 배울 때, 우리의 건강을 책임질 수 있는 능력이 있다는 것입니다. 다음 두 장에서는 억눌린 감정이 어떻게 육체적, 정신적 질병의 뿌리가 될 수 있는지 계속해서 설명할 것입니다.

---

4) http://www.soulsofdistortion.nl/SODA_chapter9.html (2018.5.17 접속).

5) 캐롤라인 M. 리프, *Switch On Your Brain* (Grand Rapids, MI: Baker Books, 2013) 35.

6) Ibid.

제4장

육체적 질병과 감정의 연결

조이스의 치유 이야기

조이스는 30년 동안 목, 어깨, 무릎, 허리 통증과 경직으로 고통받았습니다. 그녀는 통증 수준이 8이라고 표현했습니다. 이전의 의학적 치료와 기도는 통증을 완화하는 데 성공적이지 못했고, 이는 그녀의 활동을 제한하고 더 많은 통증을 경험할까 봐 두려움을 증가시켰습니다. 그녀는 몇 년 전부터 통증 수준 5에서 8에 달하는 불안을 경험하기 시작했습니다.

내가 그녀에게 이러한 종류의 불안을 처음 느꼈던 때로 돌아가게 해달라고 하나님께 간구했을 때, 하나님은 그녀를 네 살 때 아버지가 소리 지르던 무서운 기억으로 데려가셨습니다.

나는 그녀와 아버지 사이에 예수님이 보호자로 서 계시는 것을 상상하게 했고, 감정적 트라우마가 떠나고 그 어린 소녀에게 하나님의 평화와 위로가 임하도록 기도했습니다.

그녀가 두려움을 풀어놓자, 또 다른 가족 구성원이 신체적으로 폭력적이었던 기억이 떠올랐습니다. 그녀는 다시 예수님이 자신을 보호하시는 모습을 상상했고, 안전하게 육체적 통증과 감정적 두려움을 풀어놓을 수 있었습니다.

우리가 육체적 치유를 위해 기도했을 때, 통증은 사라졌고 그녀는 아무런 제약 없이 팔과 다리를 완전히 움직일 수 있었습니다. 그녀가 자리를 떠나면서 휴지를 주우려고 몸을 구부렸다가 미소를 지으며 일어섰습니다. 그녀는 신이 나서 휴지를 들고 "와, 내가 방금 뭘 했는지 깨닫지 못했어요. 방금 이 휴지를 주웠어요. 수년 동안 이걸 할 수 없었거든요!"라고 말했습니다.

조이스의 경우처럼, 우리가 경험하는 감정이 너무 압도적일 때, 우리의 마음은 자동으로 그 감정을 억누를 것입니다. 존 사르노 박사는 자신의 책 『마음과 몸의 처방』(The Mindbody Prescription)에서 해로운 감정을 억누르는 것은 마음과 몸이 육체적 트라우마로 인해 너무 압도당하지 않도록 돕는 뇌의 자연스러운 반응이라고 강조합니다. 감정이 압도적이 되면, 마음은 우리의 주의를 감당하기 힘든 감정이 아닌 몸에 집중시키는 육체적 증상을 만들어냅니다.[1] 또한, 육체적 부상이 있을 때, 감정적 트라우마가 풀어지지 않으면, 마음은 감정을 억누를 것이고, 이는 육체적 트라우마가 풀리는 것을 막을 수 있습니다. 육체적 트라우마는 원래의 감정적 원인을 경험하는 것을 피하기 위해 육체적 상태에 초점을 맞추도록 더 강화될 것입니다. 감정이 더 오래 억눌릴수록, 원래의 감정적 원인으로부터 주의를 돌리기 위해 더 약한 신체 부위 전체에 더 많은 육체적 증상이 나타날 것입니다. 다음은 마음과 몸이 억눌린 감정에 반응하는 두 가지 방식입니다.

---

1) 존 E. 사르노 의학박사, *The Mindbody Prescription* (New York, NY: Warner Books, 1998), 18.

2. 알려진 원인이 있는 증상

고통스러운 육체적, 감정적 상태의 흔한 원인 중 하나는 과거의 육체적 부상으로 인한 감정적 트라우마 때문입니다. 만약 우리의 현재 치료가 주로 육체적 증상에 초점을 맞추고 있다면, 부상당한 감정적인 부분(혼)에는 거의 주의를 기울이지 않을 것입니다. 그 결과, 육체적 몸만 치료되고 혼(마음, 의지, 감정)이 무시된다면, 전통적인 의학이든 기도든 치유를 위한 어떤 시도도 덜 효과적일 수 있습니다. 비록 하나님께서 기도를 통해 치유하실 수 있지만, 그분은 또한 영적인 치유를 신뢰하는 능력을 무력화시킬 수 있는 감정들을 주셨습니다. 따라서 육체적 질병에 대한 의학적 치료에 몰두하고 손상된 감정들이 다뤄지지 않는다면, 육체적 증상은 완화되지 않을 수 있습니다.

모든 육체적 부상에는 몸에 새겨진 세포 기억 트라우마(대개 부상 부위와 관련이 있지만 항상 그런 것은 아님)와 마음과 심장에 새겨진 감정적 기억 트라우마가 있습니다. 이러한 각인은 육체적 트라우마를 몸 안에 가두어, 치유를 위한 육체적 방출을 막습니다. 이것이 바로 육체적 증상에 대한 치료와 기도가 영구적으로 그 증상들을 제거하지 못하는 이유 중 하나입니다. 이것은 일반적으로 더 많은 의심을 만들고 치유를 믿는 신앙을 약화시킵니다. 그러나 다양한 기억 트라우마가 풀어지고 치유될 때, 육체적 증상도 자유롭게 풀려나고, 종종 치유는 자동으로 일어납니다. 심지어 내가 50년 동안이나 의학적 또는 영적 개입에도 불구하고 육체적 증상이나 통증을 경험한 사람을 위해 기도했을 때도 '치유 기도 단계들'을 사용하면, 종종 육체적 상태에 대한 추가적인 기도 없이도 육체적 증상이 사라졌습니다.

한 여성은 태어날 때부터 척추가 변형되어 있었고, 30년 동안 그녀의 삶의 스트레스 정도에 따라 다양한 수준의 허리 통증을 겪었습니다. 우리가 기도할 당시, 그녀는 허리 통증이 수준 4라고 말했습니다. 내가 그녀의 삶에서 주요 스트레스 요인에 대해 물었을 때, 그녀는 폭력적인 남편과 폭력적이었던 전 남자친구의 기억이 있다고 말했습니다. 그녀는 다양한 기억에 남아 있는 감정적 트라우마를 풀어놓았습니다. 트라우마를 하나씩 풀어놓을 때마다 허리 통증이 감소했습니다. 마침내 우리가 그녀의 척추를 조정해달라고 하나님께 기도했을 때, 하나님은 그녀의 등을 곧게 펴주셨고 통증은 사라졌습니다.

3. 알려지지 않은 원인이 있는 증상

억눌린 증상들은 '심인성 질환'으로 간주될 수 있는 다양한 형태의 감정적 또는 신체적 상태를 통해 경험될 수 있습니다. 이들은 "정신적 요인에 의해 유발되거나 악화되는 것으로 생각되는 육체적 질병"으로 묘사됩니다. 이 용어는 또한 정신적 요인이 육체적 증상을 유발하지만 육체적 질병은 없는 경우에도 사용됩니다.[2] 이러한 질병들은 감당하기 힘든 감정을 다루지 못할 때 무의식적인 마음이 의식적인 마음을 분산시키기 위해 만들어냅니다.[3] 증상은 일시적이거나, 더 흔하게는 건강하지 않은 감정이 전혀 풀리지 않으면 만성적인 상태가 됩니다. 육체적 증상에 초점을 맞춘 전통적인 의학적 치료는 이

2) "Psychosomatic Disorders," The Center for Treatment of Anxiety and Mood Disorders, http://centerforanxietydisorders.com/treatment-programs/psychosomatic-disorders/ (2018.5.18. 접속).

3) 존 E. 사르노 의학박사, *The Divided Mind* (New York: HarperCollins, 2006), 12.

러한 증상들이 일반적으로 감정적인 원인을 가지고 있기 때문에 완전한 치유에 거의 성공하지 못합니다. 이러한 종류의 감정적 증상은 기도를 통한 치유도 방해할 수 있습니다. (이것은 나중에 논의될 것입니다.) 좋은 치료법 중 하나는 삶의 스트레스가 많았던 과거 문제들로부터의 감정을 드러내고 풀어놓거나, 현재의 질병과 함께 살아가는 것으로부터 경험되는 감정들을 파악하는 것입니다. 다음은 신체적, 감정적 상태를 포함하는 스트레스 관련 질병의 일부입니다.

① 허리, 다리, 목, 어깨, 팔, 머리(편두통) 통증
② 만성 통증이 있는 근육, 힘줄, 또는 신체 상태와 관련된 질병
③ 위장, 순환계, 피부, 면역, 심혈관, 신경계
④ 불안, 공황, 강박장애(OCD)
⑤ 우울 장애, 해리성 장애(Dissociative Disorders0, 조울증
⑥ 수면, 식단, 알레르기, 중독과 관련된 많은 문제들

한 여성이 몇 달 동안 무릎 통증을 겪고 있었습니다. 그녀는 왜 이런 상태가 시작되었는지 알 수 없었습니다. 특별한 사건이나 원인이 없었기 때문에, 나는 그 병을 안고 사는 것이 어떤 기분인지 물었습니다.

그녀는 제약을 받고, 갇혀 있으며, 아무것도 할 수 없고, 삶에서 앞으로 나아갈 수 없음을 느낀다고 말했습니다. 나는 그 단어들이 그녀의 성숙도와 생활 방식과 일치하지 않는다는 것을 알았기 때문에, 성령님께서 그녀의 과거에 더 많은 문제가 있다고 말씀해주시는 것을 느꼈습니다. (성령님으로부터 영감을 받지 못하더라도, 당신은 여전히 그들의 과거에 대해 질문할 수 있습니다.)

그 여성이 기억을 더듬자, 그녀는 부모님이 엄격했고, 일하는 동안 그녀에게 형제자매들을 돌보도록 높은 기대를 걸었던 어린 시절의 이미지를 보았습니다. 그녀는 자신이 여전히 제한되고, 갇혀 있으며, 무력하다는 어린 시절의 감정들을 경험하고 있다는 것을 깨달았습니다.

그녀가 예수님이 서서 자신을 보호해주시는 것을 상상하게 하자, 그녀는 위에서 언급한 감정들을 풀어놓고 부모님을 용서할 수 있었습니다. 그녀의 무릎 통증은 사라졌습니다.

4. 감정과 신체 상태의 연결

과학은 모든 것이 끊임없이 진동하고 소리를 방출한다고 말합니다. 진동은 사물이 존재하게 하는 것이고, 존재하는 모든 것은 진동 상태에 있습니다.[4] 심지어 우리의 창조주도 "빛이 있으라"(창 1:3)고 말씀하셨을 때 첫 번째 소리로 첫 번째 진동을 만드셨고, 빛이 있었습니다. 인간 몸의 각 부분은 공명(resonance)이라고 불리는 특정 주파수에서 진동합니다. 자연 요법 의사이자 국제 연사이자 다이내믹 헬스(Dynamic Health)의 설립자인 데니스 쿠시노 박사에 따르면, 그 진동 주파수가 균형을 잃으면 질병이 발생하고, 몸이 건강한 균형 상태에 있을 때는 몸이 건강하고 조화로운 균형과 진동에서 공명합니다. 그러나 억눌리고 건강하지 않은 스트레스나 감정은 몸에 건강하지 않은 진동 주파수를 만들어내고, 이는 본질적으로 몸에 질병과 아픔의 상태인 불협화음 상태를 초래합니다. 슬픔, 분노, 좌절과 같은 감정은 낮은 주파수를 방출하는 반면, 사랑과 기쁨의 표현은 가장 높은

4) 마사루 이모토, The Miracle of Water(New York: Atria Books, 2007), 30.

주파수를 방출합니다. 우리가 말하는 단어는 생명이나 죽음을 가져다주는 힘을 가지고 있습니다. 잠언 18장 21절에 "죽고 사는 것이 혀의 힘에 달렸나니 혀를 쓰기 좋아하는 자는 혀의 열매를 먹으리라". 는 말씀이 있습니다.

각 장기와 감정은 비슷한 주파수에서 공명하는 진동 주파수를 가지고 있기 때문에, 건강하지 않은 감정이 풀리지 않으면 비슷한 주파수를 가진 몸의 장기나 부위에 자리 잡게 됩니다. 그 결과, 건강하지 않은 감정의 주파수가 몸의 진동 주파수를 특정 지점 아래로 떨어뜨리도록 강요할 때 그 몸의 장기에 질병이 발생할 수 있습니다. 예를 들어, 두려움이라는 감정의 공명 주파수는 신장과 비슷한 주파수에서 공명합니다. 그 결과, 장기간의 두려움 억압은 신장 내의 질병 상태에 영향을 미치는 것으로 여겨집니다. 만약 신장이 이미 의학적 질병으로 약해진 상태라면, 건강하지 않은 주파수는 질병을 악화시키거나, 심지어 전통적인 의학적 치료로도 신장이 회복되는 것을 막을 수 있습니다. 그러한 경우, 특히 두려움이 그 사람의 믿음을 압도하고 있다면, 치유 기도가 덜 효과적일 수 있습니다. 다음 도표는 감정과 장기의 질병 연결 중 일부를 보여줍니다. 우리는 제15장 "마음과 몸의 질병에 대한 제안된 감정적 연결"에서 감정과 장기의 연결에 대한 포괄적인 목록을 읽게 될 것입니다.

감정과 신체 기능의 관계

영향을 받는 장기	감정적 연결
방광	두려움
담낭, 간	분노
심장	불균형한 기쁨
신장	두려움
갑상전, 부신	편집증
폐	슬픔
솔방울샘, 뇌, 신경계, 기상하부	낙심
비장/ 췌장	걱정
위	초조함

5. 치유 이야기

① 목뼈 염좌

15년 전, 한 여성은 교통사고로 목뼈 염좌를 입었고, 이로 인해 목 통증과 잦은 편두통을 겪었습니다.

그녀가 사고 현장에서 예수님과 함께 있는 자신을 상상했을 때, 그녀는 위로를 느끼고, 두려움을 풀어놓고, 다른 운전자를 용서할 수 있었습니다. 그녀는 통증이 사라졌다고 말했지만, 여전히 목에 경직을 느꼈습니다.

그녀가 사고를 다시 상상했을 때, 그녀는 자신이 마비될까 봐 두려워 차 시트에 미동 없이 누워 있는 자신을 보았습니다. 그녀가 이 추가적인 두려움을 풀어놓자, 통증과 경직이 사라졌습니다.

그녀는 이전에 인식하지 못했지만 목이 어긋나 있다는 것을 알게 되었습니다. 우리는 그녀의 목과 뇌줄기를 위해 다섯 번 기도했고,

기도할 때마다 목은 더 정렬되었고 통증은 사라졌습니다. 내가 3일 후 그녀에게 전화했을 때, 그녀는 여전히 통증이나 편두통이 없다고 말했습니다.

② 허리 통증

한 남성은 부상 후 15년 동안 약한 통증을 겪었습니다. 그는 일해야 하고 긴장을 풀지 말아야 한다는 끊임없는 압박감이 허리 통증을 더 악화시켰다는 것을 깨달았습니다. 하나님은 그가 11살 때를 기억하게 하셨습니다. 그는 아버지에게서 인정받거나 만족을 드리지 못하는 것에 대한 실망감을 느꼈습니다. 이것은 그날 이후로 그와 함께한 압박감과 슬픔을 만들어냈습니다.

그가 자신을 거절로부터 보호해주시는 예수님께서 자신 앞에 서 계시는 것을 상상한 후, 그는 슬픔을 풀어 놓아주고 아버지를 용서할 수 있었습니다.

나는 그 남자에게 팔짱을 끼고 예수님께서 어린 소년을 크게 안아주시는 모습을 상상하게 했습니다. 이것은 그 남자가 사랑받고 받아들여진다고 느끼게 했습니다. 우리가 다시 기도할 필요 없이 허리 통증, 압박감, 슬픔이 사라졌습니다.

③ 기관지염

한 여성은 두 달 전 기관지염 진단을 받았고, 심한 기침으로 "폐가 터져" 병원에 입원했다고 말했습니다. 항생제, 스테로이드, 흡입기 사용을 포함한 다양한 치료에도 불구하고, 그녀는 아주 미미한 호전만 경험했습니다. 그녀는 6개월 전부터 시작된 기침, 호흡 곤란, 목의 답답함, 삼키기 어려움을 호소했습니다.

내가 그녀에게 6개월 전에 무슨 일이 있었는지 물었을 때, 그녀는 가족 구성원 한 명이 사망했다고 말했습니다. 그녀가 상실의 시간 동안 예수님과 함께 있는 자신을 상상한 후, 그녀는 만성적인 폐 질환의 흔한 감정적 원인인 깊은 슬픔과 비통함을 풀어놓았습니다.

우리가 하나님께서 치유를 가져다주시도록 짧게 기도했을 때, 그 여성은 완전히 숨을 들이쉴 수 있었고 기분이 나아졌다고 말했습니다.

④ 목 통증과 삼키기 어려움

한 여성은 목의 답답함과 삼키기 어려움을 호소했습니다. 내가 그녀의 삶에서 현재 무슨 일이 일어나고 있는지 물었을 때, 그녀는 남편이 실직 상태이고 그에게 아무 말도 하기가 어렵다고 말했습니다.

내가 그녀에게 감정을 표현하는 데 처음으로 어려움을 겪었던 때를 기억해 보라고 요청하자, 그녀는 부모님이 싸우고 있을 때 아무 목소리도 낼 수 없고 아무 말도 할 수 없다고 느꼈던 어린 시절을 기억해냈습니다.

그녀가 부모님의 싸움으로부터 자신을 보호해주시는 예수님을 상상했을 때, 그녀는 상처, 슬픔, 그리고 자신을 표현할 수 없는 무력감에 대한 두려움을 풀어놓을 수 있었습니다.

우리가 그녀의 목이 깨끗해지도록 기도하자, 그녀는 답답함이 사라졌고 더 이상 삼키는 데 어려움이 없다고 말했습니다.

⑤ 섬유근육통

한 여성은 10년 동안 섬유근육통을 앓았고, 이로 인해 몸 전체에 수준 8의 통증을 겪었습니다. 하나님께서는 그녀가 여섯 살 때를 보게 하셨고, 그녀는 수영을 못해 수영장에 빠져 바닥으로 가라앉은 것을 기억했습니다. 그녀는 두려움에 빠져 자신이 죽을 것으로 믿었습니다. 다른 아이가 그녀를 붙잡고 머리를 물 위로 들어 올린 후, 그녀는 어머니가 자신을 무시하고 거부하는 것을 보았습니다. 이것은 그녀가 내면에 품고 있던 어머니에 대한 수년간의 상처와 분노를 만들었습니다.

그녀가 예수님께서 자신을 안아주시고 수영장에서 함께 즐거워하시는 것을 상상했을 때, 그녀는 자신의 상처와 분노를 풀어놓고 어머니를 용서할 수 있었습니다. 그 순간, 그녀의 몸에 있던 통증이 사라졌습니다.

제5장

정신 질환과 감정의 연결

1. 사라의 치유 이야기

45세의 사라라는 여성은 평생 겪어온 극심한 불안, 공황 발작, 그리고 심하게 요동하는 마음의 치유를 위해 기도를 요청했습니다. 그녀가 경험한 두려움은 너무나 심각하여 학업을 마치거나, 직장 생활을 하거나, 군중 속에 있거나, 밖에 나가거나, 대화에 집중할 수 없었습니다. 하나님은 어린 시절 부모님의 죽음을 목격하고 이후 가족의 죽음이 계속되면서 그녀의 다양한 정신 증상의 근간이 되었던 기억을 보여주셨습니다. 그 결과, 사라는 공황 및 불안 장애, 광장 공포증, 밀실 공포증, 주의력 결핍 장애(ADD) 증상으로 진단받고 치료받았지만, 증상 완화는 미미했으며, 원래의 감정적 트라우마는 확인되거나 치료되지 않았습니다.

내가 기도하기 전에, 나는 사라에게 내가 그녀의 허락을 받고 그녀의 머리에 부드럽게 손을 얹는 동안 예수님이 그녀의 머리를 만지시는 것을 상상해 보라고 요청했습니다.

나는 그녀가 예수님께서 자신의 정신건강 문제를 치유하시는 것을 상상하는 동안 '치유 기도 단계들'을 사용했습니다. 내가 그녀의 감정적, 시각적, 기억적 트라우마를 저주한 후, 사라는 불안 없이 맑은 정신으로 돌아갈 수 있었습니다.

사라와 같은 사람이 당신을 찾아와 기도를 요청하는 것은 위협적으로 느껴질 수 있으며, 파악하거나 풀어놓기 어려운 복잡한 심리적 문제 때문에 벅찬 일처럼 보일 수 있습니다.

교회는 역사적으로 감정적 치유를 일반적으로 다루지 않았고, 이용 가능한 훈련도 거의 없기 때문에, 이러한 지식 부족은 마음(혼)의 질병 문제를 가진 사람을 위해 기도하는 것에 대한 두려운 망설임을 만듭니다. 그 결과, 영혼의 문제들이 파악되지 않고 있으며, 이는 치유가 일어나지 않을 때 관련된 모든 사람에게 치유가 차단되고 실망감을 느끼게 하는 원인이 됩니다. 이러한 시나리오에서는 믿음 부족, 마귀의 공격 또는 죄와 같은 잘못된 원인에 너무 많은 강조가 주어질 수 있으며, 이는 고통받는 사람을 더욱 악화시킬 뿐입니다.

치유 부족에 대한 이러한 오해는 트라우마의 심각성과 영혼 문제의 치유에 대한 오해에서 비롯됩니다. 좋은 소식은, 하나님께서 우리의 감정을 창조하셨고, 육체적 질병을 치유하는 것과 동일한 능력과 권능으로 감정적 질병을 치유하실 수 있다는 것입니다. 그리고 하나님은 우리가 모든 질병을 위해 기도할 때 능력과 권능을 주십니다. 우리가 기도할 때 무슨 일이 일어나든 계속 기도하십시오. 우리가 하나님을 더 많이 찾고 그분이 데려오시는 사람들을 위해 기도할수록, 그분은 자기를 찾는 자들에게 상주시는 이심을 믿어야 할지니라. 고

히브리서 11장 6절에서 말씀하십니다.

앞서 언급했듯이, 부모님이나 첫 양육자가 당신을 대했던 방식은 당신의 믿음 체계 형성과 지금 자신에 대해 느끼는 방식에 영향을 미칩니다. 성경 잠언 22장 6절에서 부모가 "마땅히 행할 길을 아이에게 가르치라. 그리하면 늙어도 그것을 떠나지 아니하리라."고 말씀합니다. 그 결과, 당신이 받은 태도, 확언, 수용, 이용 가능성, 애정의 수준은 자신에 대해 어떻게 느끼고 믿는지, 그리고 치유를 얼마나 받아들이는지에 영향을 미칠 것입니다.

우울증과 불안이 많은 사람이 기도를 원하지만, 과거에 자신에게 나쁜 일이 일어났던 시기를 파악할 수 없다면, 그것은 억눌린 트라우마나 생활 방식으로서의 장기적인 체계적 트라우마의 증거입니다. 또한 하나님께서 뇌의 균형을 재조정하시도록 기도가 필요한 화학적 불균형이 있을 수도 있습니다.

예를 들어, 우리는 부모님이 우리에게 소리쳤던 때를 기억할 수 있으며, 이를 무서웠다고 묘사할 수 있습니다. 우리는 그 하나의 사건으로 돌아가 트라우마에서 감정을 풀어내고 영혼을 회복할 수 있습니다. 그러나 부모님이 항상 소리치는 습관이 있었다면, 그 소리치거나 감정을 문제로 인식하지 못할 수 있습니다. 왜냐하면 그것은 집에서의 생활의 일부였고 정상적인 행동이 되었기 때문입니다. 그 결과, 일반적으로 상처나 두려움을 비정상적인 것으로 인식하지 못할 것이며, 어린 시절의 잘못된 행동을 식별할 수 없을 것입니다. 이러한 종류의 끊임없는 부정적인 감정은 더 파괴적일 수 있습니다. 왜냐하면 부정적 감정의 영향이 믿음 체계와 정체성의 핵심에 더 깊이 들어가기 때문입니다. 그러한 경우, 고통받는 사람에게 자신을 어린아이로 상상하고 집 안에 서서, 그 집에서 부모님과 함께 자란 것이 어땠는지 설명해 달라고 요청하십시오. 그런 다음, 그가 느꼈던 부정적 감정을 부모님을 용서하거나 이해하므로 풀어내도록 도우십시오.

2. 마음 상태의 치유

특히 어린 시절의 스트레스가 많은 경험은 각인된 기억을 만들고, 차례로 우리 안에서 문제에 대처하는 특정 방법들을 만들어냅니다. 이것은 나중에 삶에서 스트레스를 처리하는 방법에 대한 일상이 됩니다.[1] 어린 시절의 경험은 평생, 특히 스트레스 상황에서 어떻게 생각하고, 느끼고, 행동하는지에 대한 기준선을 만듭니다. 게다가, 감정은 육체에 상당한 영향력을 미치기 때문에, 육체적 치유가 막힐 때 감정을 다루어야 하는 중요한 이유입니다.

치유가 일어나지 않을 때, 치유를 막고 있는 초기 부정적인 감정을 드러내고 풀어내는 것이 중요합니다. 그렇게 하므로 하나님께서 부정적인 감정의 자리에 사랑과 치유를 대체하시게 됩니다. 기도 받는 사람이 자신의 삶, 특히 어린 시절의 고통에 대해 말하는 것은 매우 중요합니다. 그들이 사용하는 이미지와 단어, 목소리의 크기, 몸짓은 모두 트라우마가 언제 어디서 발생했는지 식별하는 데 중요한 요소입니다. (제12장을 참조하세요.)

정신 질환은 유전적 요인, 임신 중 상태, 뇌 화학 물질의 변화, 그리고 삶의 상황으로 인해 발생할 수 있으므로,[2] 질병의 기원을 나타낼

1) Kenneth R. Pelletier, *Mind as Healer, Mind as Slayer* (New York: Delta Book, 1977), 117.

2) "Mental Illness," Mayo Clinic, October 13, 2015, http://www.mayoclinic.org/diseases-conditions/mental-illness/basics/causes/

수 있는 증거에 주의를 기울이십시오. 성령님께서 말씀하시는 것과 기도를 요청하는 사람의 말을 들으십시오. 그들에게 감정적인 상태가 언제 시작되었는지 알고 있는지 물어보십시오. 다음으로, 단순히 기도하고 예수님의 이름으로 정신 질환이나 감정에게 떠나라고 명령하거나, '치유 기도 단계들'을 사용할 것을 권합니다. 감정의 기원을 파악하기 위해 다음 질문들을 할 수도 있습니다.

① 감정적 상태는 언제 시작되었습니까?
② 어린 시절을 묘사해 주십시오. 우울했습니까, 사랑받지 못했습니까, 불안했습니까? 공허하거나 다른 방식으로 불행하다고 느꼈습니까?
③ 다른 가족 구성원들도 감정적 또는 정신 질환을 앓고 있습니까?
④ 어머니가 당신을 임신했을 때, 학대, 두려움, 우울증 등을 겪었습니까?
⑤ 부모님이 결혼하기 전에 임신되었습니까? 어린 시절에 부모님이 자식을 원했다고 느꼈습니까?

3. 마음 상태의 간증들

다음 간증들은 더 흔한 마음의 상태 중 일부만을 다룹니다. 이러한 경우 거짓말을 드러내고, 원래의 트라우마를 풀어놓고, 진실을 회복하기 위해 제10장 '치유 기도 단계들'을 사용하는 것을 권합니다.

① 불안 장애, 공황 발작

아무 이유 없이 또는 스트레스가 많거나 불편한 사건 중에 일반적

---

con-20033813 (2018. 5. 21. 접속).

인 불안감을 경험할 때, 하나님께서 고통받는 사람을 삶의 어느 시점으로 데려가 원래의 트라우마를 식별하도록 돕기 위해 '치유 기도 단계들'의 2단계부터 사용하십시오. 원래의 트라우마를 식별할 수 없는 경우가 많다면, 그것은 불안이 삶의 초기에 시작되었을 수 있다는 신호이며, 아마도 불안한 양육자들과 함께 사는 것의 결과일 수 있습니다.

빌이라는 남성은 평생, 특히 성인이 되어 어떤 종류의 갈등이 있을 때 끊임없는 불안감과 싸웠습니다. 그는 최근에 교회 구성원들과 갈등을 겪었기 때문에 평소보다 높은 수준의 불안을 경험하고 있었습니다. 그는 이러한 상황을 처리하는 데 자신감 부족이라는 자신의 과거가 하나님께서 자신의 기도에 응답하실 수 없다는 믿음을 만들었다는 것을 깨달았습니다. 빌은 가슴과 위에서 통증 수준 8의 불안을 느끼고 있다고 말했습니다. 하나님은 그가 세 살 때 수술을 받으려고 병원에 있었던 때를 기억하게 하셨습니다. 그의 부모님은 알 수 없는 이유로 방을 떠났습니다. 세 살짜리 아이에게 낯선 곳에 혼자 남겨지는 것은 잠시라도 극심한 공포와 버려짐의 감정을 만들 수 있습니다. 결국 부모님은 방으로 돌아왔지만, 빌은 평생 버려질까 하는 두려움을 안고 살았습니다. 나는 그에게 아이가 혼자 있을 때 예수님이 병실로 오시는 것을 상상하게 했습니다. 내가 감정적 트라우마와 버려짐, 거부, 공포의 모든 감정적인 영들에게 떠나라고 명령하는 동안 빌은 예수님이 자신을 안아주시는 것을 상상했습니다. 나는 예수님의 사랑, 빛, 생명, 위로, 평화가 임하도록 선포했습니다. 빌이 과거의 감정을 안전하게 풀어놓을 수 있다고 느끼자, 불안은 사라졌고 다시 돌아오지 않았습니다.

② 두려움

비행 공포증, 군중 공포증, 갈등 공포증, 아픈 것에 대한 두려움 등과 같은 두려움을 식별할 때, 그것은 일반적으로 풀어내야 할 초기 트라우마의 신호입니다. 고통받는 사람이 묘사하는 두려움은 그들이 원래 두려워했던 것이 아닐 수도 있습니다. 예를 들어, 흔한 두려움 중 하나는 갈등 공포증인데, 이는 대부분 어린 시절 소리와 시각적 트라우마의 기억과 관련이 있습니다. 여기에는 부모가 소리치고 다투는 집에서 사는 것, 또는 어린 시절의 무서운 상황들이 포함됩니다. 원래의 트라우마를 드러내고 풀어내고 진실을 회복하기 위해 '치유 기도 단계들'을 사용하는 것을 권합니다.

한 남성은 일반적인 불안을 가지고 있었고, 5년 전 자신이 타고 있던 비행기가 번개를 맞은 후 극심한 비행 공포증을 겪게 되었습니다. 그 후 몇 년 동안 기도는 그의 불안을 완화시키지 못했고, 그는 그것을 수준 5라고 묘사했습니다. 우리가 비행기 사고의 트라우마를 치유해달라고 하나님께 세 번 요청한 후에도 불안감은 사라지지 않았습니다. 이것은 초기 트라우마의 신호였습니다. 하나님은 그 남자를 그의 어머니에 대한 기억으로 데려가셨는데, 어머니는 건강 문제 때문에 일반적인 불안을 가지고 있었습니다. 어머니는 두려워하고 과보호적이었으며, 모든 것에 대해 불안을 보였습니다. 그 남자는 '치유 기도 단계들'을 사용하여 어린 소년으로서 자신을 보호해주시는 예수님을 상상했습니다. 그 순간, 그는 어린 시절의 두려움을 풀어놓을 수 있었고, 자신을 몰아붙인 것이 자신의 두려움이 아니라 어머니의 두려움이었다는 것을 깨달았습니다. 그 남자는 비행기 사고와 관련된 추가적인 두려움을 풀어놓을 수 있었고, 그 후에는 비행 공포증이 없다고 말했습니다.

③ 우울증

여기에는 슬프고, 우울하며, 의욕이 없는 느낌이 포함되며, 종종 수면 장애와 지속적인 변덕 또는 무관심이 동반됩니다. 고통받는 사람이 우울증에 대한 기도를 원한다면, 그들에게 우울증 증상을 묘사하게 하고, 이 감정이 언제 시작되었는지 하나님께서 드러내도록 돕고 트라우마적인 것을 풀어내기 위해 제10장 '치유 기도 단계들'의 2단계부터 사용하십시오. 우울증 증상이 화학적 불균형과 관련될 수 있으므로, 하나님께서 마음의 균형을 재조정하시도록 기도하십시오.

④ 강박 장애

여기에는 반복적인 의식이나 생각, 반복적으로 떠오르는 원치 않는 생각이나 충동, 또는 불안 증상을 줄이기 위해 손 씻기, 숫자 세기, 확인하기, 수집하기, 배열하기와 같은 특정 행동을 완료해야 하는 필요성이 포함될 수 있습니다. 어떤 사람이 강박 장애를 앓고 있을 때, 나는 그들에게 지저분한 집을 바라보는 문간에 서 있는 자신을 상상해 보라고 요청합니다. 만약 그들이 물건을 깨끗하게 하지 못하거나 정돈할 수 없다면 어떻게 느낄까요? 일반적으로 그 사람은 통제 불능, 불안, 압도감, 좌절감 또는 압박감을 느낀다고 말할 것입니다. 그 시점에서 나는 하나님께서 그 사람을 강박 장애가 시작된 시점으로 데려가고, 건강하지 않은 성인으로 만들었을 수 있는 과거의 유사한 감정들을 풀어내도록 돕기 위해 제10장 '치유 기도 단계들'의 2단계부터 사용합니다.

⑤ 분노

여기에는 분노 폭발, 난폭 운전, 짜증, 성질 부림(문 쾅 닫기, 벽 주먹으로 치기, 물건 던지기, 침묵 방법), 부적절한 언어 또는 행동 표현 등이 포함될 수 있습니다. 그 사람에게 자신을 화나게 한 현재 상황을 생각하게 하십시오. 이 감정이 언제 시작되었는지 하나님께 보여드리고, 건강하지 않은 성인으로 만들었을 수 있는 과거의 모든 부정적 감정을 풀어놓도록 돕기 위해 '치유 기도 단계들'의 2단계부터 사용하십시오.

⑥ 무가치함

매우 좋지 않다, 사랑받지 못한다, 매력적이지 않다, 멍청하다 등 일반적인 신념이 이에 속합니다. 고통받는 사람에게 이러한 신념이 들어올 때 어떻게 느끼는지 물어보십시오. 하나님께서 이 감정들이 시작된 때를 떠오르게 해서, 건강하지 않는 성인으로 만들었을 수 있는 과거의 모든 나쁜 감정을 풀어놓도록 돕기 위해 제10장 '치유 기도 2단계'부터 사용하십시오.

4. 적극적인 경청

상처받은 사람들은 다음과 같은 적극적인 경청 과정을 통해 안전하고 위로받는다고 느낄 때 자신의 감정을 더 기꺼이 표현할 것입니다.

① 관심을 보이십시오 - 그의 이야기를 들으면서 그의 얼굴을 보십시오.
② 부드러운 접촉 - 만약 적절하다면, 연민과 격려를 보여주기 위해 그 사람의 어깨, 팔 위쪽 또는 등 부위를 만지십시오.
③ 감정을 확인하십시오 - 들었던 것을 반복하거나, 그 사람의 얼굴에서 보이는 감정에 대해 언급하십시오. 간단한 표현을 사용하십시오. 예를 들어, "…했을 때 무서워했던 것 같네요" 또는 "…에 대해 정말 슬퍼 보이네요."라고 말하라.
④ 그의 감정을 치유의 진입점으로 사용하십시오 - 고통받는 사람의 감정을 확인하면서, 그에게 이러한 감정들로부터 자유로워질 준비가 되었는지 물어보십시오. '치유 기도 단계들'을 시작할 수 있습니다.

5. 감정에 압도된 사람을 진정시키는 방법

치유 기도의 목표는 예수님께서 질병을 치유하시도록 하는 것이지, 트라우마의 모든 세부 사항을 반복하는 것이 아닙니다. 그러나 고통받는 사람이 감정에 압도되었을 때, 그들에게 예수님(또는 신뢰할 수 있는 다른 사람)이 그들 옆에 서서 과거의 감정을 풀어놓을 안전한 환경을 만들어주는 것을 상상해 보라고 요청하십시오. 다음은 그 사람이 감정을 극복하도록 돕기 위한 '해야 할 일들'과 '하지 말아야 할 일들' 목록입니다.

(1) 해야 할 것들

① 위에서 언급된 적극적인 경청을 사용하고, "잘 풀어내고 있어

요", "여기는 감정을 나누기에 안전한 곳이에요", "괜찮을 거예요. 이것들은 마침내 밖으로 나오는 오래된 감정들이에요"와 같은 안심시키는 말을 덧붙이십시오.

② 죄책감, 두려움, 죄, 영적 전쟁 등 더 많은 감정을 일으킬 수 있는 다른방해 요소들이 나타날 수 있다는 것을 인지하십시오.

③ 그 사람이 눈을 뜨고 있도록 하고, 감정을 나누기에 안전한 곳에 있다고 다시 안심시키십시오. 과거 트라우마로부터의 감정들이 풀려날 때, "이것들은 과거의 상처에서 오는 감정들이에요", "이제 이것들을 내보낼 시간이에요", "당신은 지금 안전한 곳에 있어요"와 같은 말로 다시 안심시키십시오.

(2) 하지 말아야 할 것들

① 과도한 감정의 표출이 죄, 영적 공격 또는 당신의 노력을 방해하는 방식이라고 스스로 가정하지 마십시오.

② 그 사람이 하는 말을 개인적으로 받아들이지 마십시오. 그렇게 하는 것은 자신의 영혼 문제만 확인시켜줄 뿐입니다.

③ 실패할까 봐, 또는 적절한 말을 하지 못할까 봐 두려워하거나 압도되지 마십시오.

④ 더 강력해져야 하는 것처럼 소리치거나 목소리를 높이지 마십시오. 이것은 고통받는 사람을 두렵게 하거나 화나게 하고, 당신에 대한 신뢰를 잃게 할 수 있습니다.

⑤ 그 사람에게 믿음 부족, 마귀 문제 또는 죄 문제가 있다고 말하지 마십시오.

히스테리성 울음이나 흐느낌과 같은 과도한 감정은 종종 악한 영의 증상이라기보다는 오래된 트라우마와 감정적 고통을 풀어놓는 것입니다. (실제로 풀어야 할 악한 영이 있는 경우에도 영적 전쟁 기도를 사용할 수 있는 선택권은 여전히 있습니다.) 이러한 트라우마 감정이 나타날 때, 기도받는 사람과 트라우마 사이에 예수님이 보호자로 서 계시는 것을 상상하게 함으로써 계속해서 그 사람을 안심시키십시오. 결론적으로, 압도적인 감정을 가진 사람을 돕기 위해 다음 단계를 사용하십시오.

⑥ 적극적인 경청과 확인으로 그 사람을 안심시키십시오.

⑦ 해야 할 것과 하지 말아야 할 것 목록을 기억하십시오.

⑧ 고통받는 사람의 눈높이에서 앉으십시오. 그 사람이 히스테리 상태에 있다면, 당신을 보게 하십시오.

"저를 보세요. 제가 말하는 것을 들으세요. 지금 정말 두려워하는 것 같지만, 당신은(현재의 위치에 있고) 저와 이야기하고 있어요. 두려워하는 사람은 여기 없어요. 당신이 있는 곳을 보세요. 지금 안전해요. 저를 따라 하세요. '나는 현재 이 자리에 있어요. 나는 그 사람과 함께 있지 않아요. 나는 안전해요.'"

그가 제10장 '치유 기도 단계들'을 계속하는 동안 예수님이 그와 함께하시는 이미지를 다시 언급하십시오.

만약 고통받는 사람이 더 나빠지거나, 영적 전쟁을 감지한다면, 악한 영을 묶고 떠나라고 명령하고, 대대로 내려오는 저주를 끊어내거나, 악한 요새를 꾸짖고 그 사람 위에 평화와 예수님의 피를 선포할 수 있는 선택권이 있습니다. (제안된 기도는 제10장 참조.)악한 영을 식별하고 기도하는 방법에 대한 자세한 내용은 '치유가 일어나지 않을 때 승리를 얻다' 책을 참조하고 '영적 전쟁' 섹션을 읽을 수 있습니다.

6. 감정 해소 및/또는 영적 전쟁 기도로 치유 선택하기

2장에서 읽었듯이, 육체적 또는 감정적으로 건강하지 않은 사건이 발생하면, 감정적 트라우마는 몸과 마음에 약화된 상태를 만듭니다. 영적인 관점에서 볼 때, 이 건강하지 않은 상태에서 더 오래 살수록 악한 영이 트라우마에 붙어 고통과 괴로움을 악화시킴으로써 약해진 상태를 이용할 기회가 커집니다.

악한 영은 항상 공격할 방법을 찾고 있으며(요 10:10 참조), 트라우마는 우리가 트라우마에 대한 치유를 얻지 못하면 악한 영이 들어올 수 있는 문이 될 수 있습니다. 감정적, 육체적 트라우마의 고통을 풀어낼 때, 우리는 악한 영이 그 트라우마에 붙어 추가적인 고통을 주는 가능성을 줄이고, 악이 이용할 문을 닫습니다. 더 중요한 것은, 예수 그리스도를 믿는 자라면, 이미 악과 어둠으로부터 자유로워졌다는 것입니다.

> "그리스도께서 우리를 자유롭게 하려고 자유를 주셨으니 그러므로 굳건하게 서서 다시는 종의 멍에를 메지 말라"(갈 5:1).

왜냐하면 예수님은 사망과 죄로부터 해방되는 생명과 진리와 길이시기 때문입니다.

> "예수께서 이르시되 내가 곧 길이요 진리요 생명이니 나로 말미암지 않고는 아버지께로 올 자가 없느니라"(요 14:6).

이것은 우리가 이미 악한 영으로부터 자유롭고, 그분의 영으로 충만하며(고전 3:16 참조), 해로부터 보호받고 있다는 것을 의미합니다. 단, 트라우마로 인해 문이 열리고 그 트라우마에서 오는 감정이 내면에 억눌려 있는 경우는 예외입니다. 트라우마를 경험할 때마다 악한 영의 영향을 받는다고 말하는 것은 아닙니다. 그러나 건강하지 않은 감정을 더 오래 붙잡고 있을수록 어떤 종류의 공격을 받을 기회가 커집니다.

교회는 전통적으로 치유 기도에서 감정을 다루지 않기 때문에, 대부분의 기도 사역자들은 트라우마를 만들었던 원래의 사건을 밝혀내기 위해 충분히 깊은 질문을 하지 않습니다. 나는 이것을 "탐색 확장하기"라고 부릅니다. 그 결과, 치유가 일어나지 않고 육체적 상태가 지속될 때, 영들을 들여보낸 원래의 트라우마적인 문제들을 밝혀내는 시간을 갖기보다는 악한 영들이 종종 초점이 됩니다. 결과적으로, 감정적 트라우마가 원래의 문제이고 주요 장벽일 때, 악한 영을 물리치는 기도로 치유 과정을 시작하면 약간의 안도와 자유를 느낄 수 있지만, 건강하지 않은 감정적 문제들이 완전히 풀려나지는 않을 수 있습니다. 그 결과, 악한 영들이 돌아와 다시 감정에 붙어 있어서 상태를 악화시킬 수 있습니다.

원래의 트라우마를 드러내고 풀어내고, 가해자를 용서하고, 상처를 예수님의 사랑으로 대체하는 것이 중요합니다. 이것은 트라우마의 문을 닫고 영혼을 원래의 자유 상태로 회복시킵니다. 악한 영이 육체적 트라우마의 감정에 붙으면, 그 영은 뿌리를 내리고 삶의 다른 영역으로 퍼질 수 있습니다. 우리가 믿는 자라면, 이미 예수님의 모든 능력과 권능을 가지고 있다는 것을 기억하십시오(행 1:8, 골 2:9-11 참조). 그래서 우리가 감정적인 뿌리를 풀어놓을 때, 악한 영은 종종 스스로 떨어져 나갈 것입니다. 왜냐하면 그것이 붙어 있을 이유가 없기 때문입니다. 그러나 우리가 건강하지 않은 감정을 붙잡고 있고 영이 뿌리를 내리고 퍼지도록 허용한다면, 우리는 또한 예수님 안에서 권능을 사용하여 모든 악한 영에게 떠나라고 명령해야 할 수도 있습니다. (기도는 제10장 참조.)

토니는 수년 동안 경험했던 불안, 불안정, 혼란, 공포에 대해 기도해달라고 요청했습니다. 그러나 이러한 감정들은 그가 축귀 사역을 받은 이후로 더욱 악화되었습니다. 토니는 그에게 불안과 고통을 유발하는 지배적인 영이 있다고 들었습니다. 토니가 자신의 두려움과 공포를 묘사했을 때, 비록 이 고통에 영적인 부착이 있었지만, 그의 위에서 언급된 문제들은 해결되지 않은 과거의 감정적 트라우마에서 비롯된 것이며 마귀와 같은 영적인 문제가 아니라는 나의 원래 생각을 확인시켜주었습니다. 나는 그의 묘사적인 단어들이 무력한 아이의 단어들과 비슷했고, 그가 받은 사역이 감정을 다루지 않았기 때문에, 이것이 더 감정적인 문제라는 것을 알 수 있었습니다.

그가 자신의 영적인 웰빙에 대해 더 많은 두려움을 느끼고 있다는 것을 감지하고, 특히 자신이 귀신 들렸을 수도 있다는 사실 때문에, 나는 즉시 그의 문제들이 해결되지 않은 감정들에 기반하고 있으며 반드시 귀신 들림이 아니라고 안심시켰습니다. 우리가 기도하고 '치유 기도 단계들'을 사용했을 때, 하나님은 즉시 토니를 어린 시절, 통제적이고 폭력적인 아버지에게로 데려가셨습니다.

그가 어린 소년으로서 예수님이 자신 앞에 서 계시는 것을 상상하며 보호받는다고 느꼈을 때, 그는 자신의 두려움의 원천을 인식하고 아버지를 용서할 수 있었습니다. 즉시 공포와 고통의 감정이 풀려났고 그는 완전한 자유를 느꼈습니다. 토니는 마침내 고통의 감각이 어린 시절 내내 경험했던 감정들의 축적이었고, 악한 영은 단지 그의 공포를 악화시켰을 뿐이라는 것을 깨달았습니다.

나는 치유 기도에 들어갈 때 원래의 트라우마에서 오는 죄 및 또는 감정을 드러내는 것이 영구적인 해방을 얻고 몸과 영혼을 거의 마귀의 간섭 없이 회복시키는 데 성공적이었다는 것을 일상적으로 발견했습니다. 그러나 악한 영이 나타난다면, 당신은 예수님 안에서 그것에게 떠나라고 말할 권능이 있습니다. 일단 죄, 감정 또는 부정적인 믿음을 풀어내면, 마귀의 세력은 붙어 있을 이유가 없습니다. 예수님께서 우리를 위해 하신 일 때문에 자유로워진 그리스도인으로서 유업을 되찾을 수 있습니다. 이 직접적인 접근 방식은 원래 문제의 신속한 해결에 효과적이며, 영구적인 치유 결과의 기회를 증가시킵니다. 나는 우리의 초점과 말은 주로 예수님에 관한 것이어야 하며, 필요하다면 그분의 권능을 사용하여 모든 악한 것을 떠나라고 명령해야 한다고 권합니다. 그 결과, 이것은 우리가 사역하는 누구에게도, 무엇에게도 악이 어떤 권리도 얻을 기회를 주지 않을 것입니다.

제6장

질병이나 증상에 이유가 없을 때

1. 한 남성의 치유 이야기

한 남성이 목에 솜뭉치가 박힌 것처럼 느껴지는 불편함 때문에 6주 동안 걱정하다가 나를 찾아왔습니다. 의학적 검사로는 원인을 파악할 수 없었습니다. 그는 혹이 생겼을 당시 특별한 스트레스를 겪지 않았다고 했습니다. 내가 감정적 원인은 종종 목소리를 내지 못한다는 느낌 때문이라고 말하자, 성령님께서 그에게 과거의 기억을 생각나게 하셨습니다. 그 기억 속에서 그는 지원했던 일자리에 채용되지 않았을 때 상처받고 화가 났습니다. 그가 분노를 풀어놓자, 목의 불편함이 절반으로 줄었습니다. 그러고 나서 그는 어린 시절 한 사건에 대해 아무 말도, 아무것도 할 수 없었을 때 느꼈던 분노와 무력감을 기억해냈습니다. 그가 자신과 부모님 사이에 예수님이 서 계신 것을 상상했을 때, 예수님께 보호받는다고 느꼈고 분노를 풀어놓고 부모님을 용서할 수 있었습니다. 목에 혹이 있는 듯한 느낌은 간단한 기도만으로 사라졌습니다.

이 남성처럼, 당신이 삶의 환경에 대한 감정을 무시하면, 당신은 건강하지 않은 감정에 너무 익숙해져서 그 감정이 존재하는지, 왜 그렇게 느끼는지조차 인식하지 못할 것입니다. 그러나 당신의 마음과 몸은 당신의 건강하지 않은 신체적 상태를 유발하는 건강하지 않은 감정에 대한 메시지를 계속 보낼 것입니다. 이전에 언급했듯이, 당신이 감정을 충분히 오랫동안 억누르면, 그것은 약해진 상태를 겪고 있는 신체 장기나 부위에 자리 잡을 것입니다. 이것은 그 신체 부위에 불협화음 상태를 만들고, 이는 질병이나 아픔의 상태가 될 수 있습니다.

신체적 또는 정신적 증상만을 주요 문제의 근원으로 여기는 전통적인 의학적 치료는 원래의 트라우마에서 오는 억눌리고 해결되지 않은 감정에 대한 치료가 없을 때 영구적인 치유에 거의 성공하지 못할 수 있습니다. 전통적인 치유 시도가 성공적이지 못할수록, 치유가 가능하다는 것에 대한 의심의 잠재력이 커집니다. 그 결과, 자신의 상태가 자신의 삶을 지배하고 다른 선택지가 없다고 느끼기 때문에 생각, 태도, 행동에 변화가 생깁니다. 장기적인 상태와 함께 살기 위해, 자신의 정체성과 일상적인 생활패턴은 증상에 적응하고, 이는 서서히 그 상태를 정체성으로 편입시킵니다. 자신은 통제할 수 없는 끔찍한 상황에 대처하고 생존하는 방법으로 그 상태에 적응합니다.

내가 장기적인 신체적 상태로 고통받는 사람에게 자신의 감정적 고통에 대해 이야기해 달라고 요청하면, 그들은 종종 그 질병과의 감정적 연결을 보지 못하고, 따라서 그들은 그들의 상태로 계속 고통받아야 한다고 믿습니다.

이 책의 목적 중 하나는 왜 자신이 질병이나 증상을 가지고 있는지, 그리고 왜 그것이 치유되지 않는지 모르는 절박한 사람들에게 답을 제공하는 것입니다.

2. 감정이 치유의 장벽이라는 지표

치유가 일어나지 않을 때, 다음의 몸과 마음의 상태들은 감정이 치유의 장벽일 수 있다는 지표입니다. (아래는 나의 책 『치유가 일어나지 않을 때 승리를 얻다(Finding Victory When Healing Doesn't Happen)』에서 발췌했습니다.)

① 알려진 이유가 작거나 전혀 없이 나타났다가 사라지는 통증과 불편함을 유발하는 부상들.

② 알려진 이유 없이 나타나는 통증과 고통, 그리고 알려진 이유가 작거나 전혀 없이 나타났다가 사라지는 모든 통증과 불편함.

③ 다양한 치료 방식으로 개선되지 않는 장기적인 만성 질환. (만성 질환의 다른 원인으로는 약물에 대한 반응, 음식 알레르기 및 식품 첨가물, 또한 전기장, 자기장 및 무선 주파수, 휴대폰, 와이파이, 곰팡이 등과 같은 환경적 문제들이 포함될 수 있습니다.)[1]

④ 교회, 직장, 또는 학교를 포함하여 누군가 또는 어떤 단체에 의해 부당하게 여겨졌다는 느낌, 또는 상처를 입었다는 느낌이 있을 때(불공정함, 부당한 대우, 분노, 상처, 복수하고 싶은 욕망, 또는 용서하지 못하는 마음에 대한 지표적인 진술이 가장 분명하게 나타납니다).

⑤ 실제로는 1년 또는 그 이상 전에 일어난 일임에도 불구하고, 감정적 반응이나 상태에 대한 묘사가 마치 그 사건이 일주일 전에 일어난 것처럼 표현될 때.

⑥ 신체적, 정신적, 감정적, 성적, 영적, 그리고 재정적 학대의 개인적인 이력, 또는 집 화재, 사고, 군 복무 트라우마, 그리고 감정적으로 가까웠던 친척이나 애완동물의 상실과 같은 트

1) 환경적, 전기적 방해들에 관한 내용은 www.createhealthyhomes.com를 방문하여 정보를 얻을 수 있습니다.

라우마적인 사건들을 목격한 경우.

⑦ 의료적, 신체적, 재정적, 직업적, 또는 감정적 상황과 관련된 장기적인 스트레스 및 또는 트라우마적인 상황을 경험할 때.

위에서 언급된 지표들 중 하나라도 나타나면, 성령님께서 고통받는 사람에게 어떤 감정적, 신체적 문제들이 먼저 치유되어야 하는지를 드러내시도록 기도하십시오.

다음으로, 드러난 것을 가지고 제10장 '치유 기도 단계들'을 사용하십시오.

어떤 사람들에게는 위에서 언급된 지표들이 문제로 보이지 않을 수도 있고, 그들은 특히 용서 단계를 거치거나 치유 세미나에 참석했다면 자신의 트라우마를 "극복했다"고 믿을 수도 있습니다. 비록 치유가 일부 일어났을 수 있지만, 사람들은 일반적으로 감정의 여러 층을 극복할 시간이나 전문 지식, 기회가 없습니다. 또한, 사건이 더 트라우마적이고 감정이 더 오래 억눌려 있을수록, 그들은 자신이 느끼는 방식을 더 정상적으로 여길 것이며, 이는 감정과 트라우마를 식별하는 것을 더 어렵게 만듭니다. 일반적으로, 그 사람이 "예, 저는 그것을 다루었어요" 또는 "저는 그들을 용서했어요"와 같이 빠르게 대답하고, 감정적 해방을 경험했다는 언급이 없다면, 감정이 더 깊은 수준에서 풀어놓아질 가능성은 낮습니다.

나는 고통받는 사람에게 "과거에 어떤 사역을 받았든 상관없이, 마치 치유 기도를 한 번도 경험하지 않은 것처럼 하나님이 당신을 어디로 데려가실지 열린 마음을 가지세요"라고 말할 것을 권합니다. 그런 다음 성령님께서 감정적 또는 신체적 문제들을 드러내시도록 기도하기 시작하십시오. (이것은 제10장 '치유 기도 단계들'과 함께 사용되어야 합니다.)

중요한 점은, 트라우마적인 상황이나 감정이 기도 사역자의 지식과 전문 지식보다 더 커 보이거나, 고통받는 사람이 털어놓고 싶어하는 것보다 더 많다면, 그 사람은 더 깊은 문제들을 드러내고 풀어놓기 위해 치유 사역이나 기독교 상담사에게 의뢰하는 것을 권장합니다.

3. 억눌린 감정의 다른 원인

다음은 우리가 인식하지 못하는 방식으로 감정 억압을 유발할 수 있는 추가적인 영향들의 목록입니다. 이러한 영향들이 우리의 삶에 있을 때, 치유를 받는 데 어려움이 증가할 수 있습니다.

① 식단: 과다한 설탕과 소금과 같은 음식들은 변덕, 우울증, 불안 및 기타 장애를 유발할 수 있습니다.

② 우울증: 우울증 증상에는 슬픔, 억눌린 감정, 고립, 사회적 위축, 나쁘거나 과도한 식습관 및 수면 패턴, 심한 변덕, 자살 충동 또는 과도하거나 조증적인 사고가 포함될 수 있습니다.

③ 약물: 약물의 부작용은 변덕, 불안, 졸음, 그리고 식단 및 수면 습관의 변화를 유발할 수 있습니다.

④ 수면 부족: 수면 부족은 판단력 손상, 집중력 및 의사소통 능력 저하, 반응 속도 둔화, 건망증, 그리고 부정적인 감정을 표현하는 데 낮은 문턱과 같은 증상을 유발할 수 있습니다.

⑤ 주의력 결핍 장애(ADD): 증상에는 감정을 표현하기 어려움, 짧은 집중 시간, 산만함에 빠지기 쉬움, 대화에 집중하지 못함, 그리고 나쁜 의사소통이 포함될 수 있습니다.

⑥ 종교: 감정 표현을 억제하는 모든 신앙 전통.

⑦ 성격 장애: 감정이 없거나 감정적으로 갇힌 성격 또는 삶의

방식.

⑧ 가정 환경: 감정이 없거나 감정의 건강한 표현을 억제하는 배우자, 부모 또는 형제자매와 함께 사는 것.

⑨ 가정 폭력: 스트레스 수준, 불안, 우울증을 증가시킵니다. (가정 폭력에 대한 자세한 내용은 제10장 "치유를 위한 실제적인 팁" 참조.)

제7장

영, 혼, 몸, 그리고 치유

1. 영, 혼, 몸의 순환

예수님을 아는 믿음의 사람으로서, 우리는 영, 혼, 몸의 세 부분으로 이루어져 있습니다(살전 5:23 참조). 우리의 삶 전체에 걸쳐, 생각과 행동을 새롭게 함으로써 그리스도를 더 닮아가는 목표를 향해 계속 성장해야 합니다(롬 12:1-2 참조). 각 부분은 치유 과정에서 중요합니다. 나는 각각을 설명할 것입니다.

영

우리가 마음에 예수님을 영접할 때, 우리의 삶은 하나님의 영을 통해 사는 것이어야 합니다. 우리의 영은 존재의 중심 또는 핵심이며, 생명을 주는 부분입니다(약 2:26 참조). 우리는 영을 보거나 느낄 수 없으며, 혼에 의해 완전히 둘러싸여 있습니다. 우리가 영으로 기도하고, 정신과 마음(우리의 혼)을 통해 기도를 생각하고 느낄 때, 하나님의 임재 안에서 삶을 경험하기 위해 우리의 혼과 영을 일치시키고 있는 것입니다. 이것은 우리가 치유를 위해 영으로부터 기도할 때, 몸과 연결하기 위해 영의 초자연적인 생명의 능력과 권위에 혼을 일치시키고 있다는 것을 의미합니다.

혼

혼은 마음, 의지, 감정의 세 부분으로 이루어져 있습니다. 우리의 믿음과 감정은 혼을 통해 나옵니다. 심지어 예수님께서도 "내 혼이 심히 슬퍼 죽을 지경이니"(마 26:38 흠정역)와 "지금 내 혼이 괴로우니"(요 12:27 흠정역)와 같은 말씀으로 자신의 감정을 표현하셨습니다.

하나님은 우리에게 자유 의지를 가진 마음을 주셨습니다. 우리을 사랑하시고 존중하시므로, 하나님은 우리에게 선물로 주신 것을 빼앗지 않으실 것입니다. 우리가 상처받을 때마다, 내면에 품고 있는 감정들을 어떻게 할지 선택할 수 있습니다. 우리는 자신의 감정을 어떻게 표현할지, 자신에 대해 어떻게 느낄지, 그리고 치유하시겠다는 하나님의 권능과 약속에 대해 무엇을 믿을지 선택할 수 있습니다. 결과적으로, 이 모든 선택은 치유될지 또는 질병에 머물러 있을지에 영향을 미칩니다. 그러나 우리의 신체 상태의 원인에 기여하는 감정적 트라우마를 품고 있다면, 하나님은 그 트라우마를 치유하실 수 있습니다. 만약 우리가 감정의 다양한 층을 드러내고 풀어놓을 준비가 되지 않았다면, 그분은 그것을 계속 품고 있도록 허용하실 것이고 그것은 치유에 장벽이 될 것입니다. 나는 하나님께서 매우 간단한 기도로 모든 것을 단번에 치유하시는 것을 경험했습니다. 그리고 다른 때에는, 각 층이 풀어질 때만 상태가 치유됩니다.

우리가 감정적인 사람으로서 혼의 상처들을 충분히 오랫동안 붙잡고 있을 수 있다면, 그것들은 정체성의 일부가 될 수 있습니다. 그러나 하나님은 우리가 자유롭게 되기를 원하시고, 치유를 막고 있는 것이 무엇이든 드러내고 풀어놓으시도록 그분께 계속 요청하기를 원하십니다. 이것이 또한 우리의 영 안에서 하나님의 사랑과 기쁨을 느끼면서도(갈 5:22 참조), 동시에 해결되지 않은 트라우마와 질병을 품고 다닐 수 있는 이유입니다. 영으로부터의 기도가 혼과 일치되어야 하므로, 혼(마음, 의지, 감정)이 해결되지 않은 문제들로 가득 차 있다면, 치유 기도는 방해받을 수 있습니다.

나는 한 친구가 팔에 깁스를 한 것을 보고서 내가 그녀를 위해 기도해도 되는지 물었습니다. 그녀는 휴가 중에 넘어져서 팔을 다친 것에 대해 극심한 실망감을 털어놓았습니다. 그녀는 손목 골절을 입었고 통증 수준이 9였습니다. 나는 하나님께 골절의 치유를 위해 기도하고 통증을 꾸짖었고, 통증은 수준 5로 낮아졌습니다. 우리가 몇 번 더 기도했지만, 통증은 수준 4 아래로 내려가지 않았습니다. 우리는 그 시점에서 기도를 멈춰야 했고, 나는 그녀에게 하나님께서 우리의 기도를 들으셨으며, 치유에 대한 믿음을 끈기 있게 가지라고 말했습니다.

그녀는 밤새도록 하나님께서 통증을 없애주실 것이라고 지속적으로 믿었고, 그녀의 삶에서 통증이 권능이 없다는 생각을 계속 유지하자, 그녀는 통증으로부터 자유롭게 되었습니다. 그녀는 며칠 후 다시 엑스레이를 찍었고, 의사들은 골절을 찾을 수 없다고 말했습니다. 그녀는 완전히 치유되었습니다.

몸

몸은 특히 육체적 몸을 가리키는 것이 아니라, 더 일반적으로 촉각, 후각, 미각, 시각, 청각의 다섯 가지 자연적인 감각을 통해 세상과 어떻게 관계를 맺는지를 가리킵니다. 세상적인 사고(세속적 또는 과학적 관점)는 능력, 지식, 사실, 그리고 오감을 통해 기도의 결과를 보고 기도의 결과를 결정할 수 있습니다. 세상적인 사고는 믿음을 눈과 신경말단을 사용하는 것에만 국한시키고, 보이지 않는 것에 대한 믿음을 사용하지 않게 합니다.

킹덤 사고(Kingdom Thinking)는 영적인 본성에서 치유를 보는 것입니다. 우리가 할 수 있는 것에만 초점을 맞추는 대신 예수님께서 하실 일에 초점을 맞추는 것입니다. 이것이 바로 현실과 보는 것에 의존할 때, 믿음을 사용하지 않는 이유입니다.

우리에게는 불가능하지만 하나님께는 매우 가능한 것을 믿는 것이 믿음입니다. 예를 들어, 우리의 상태와 내면의 믿음이 하나님의 권능의 현실을 결정하지 않으므로, 킹덤 사고는 자연적으로 보거나 느끼는 것에 의존하기보다는 보이지 않는 것을 믿고 믿음으로 사는 것입니다.

예수님은 세상에서 사셨지만, 그분의 현실을 세상으로 정의하지 않으셨습니다. 그분의 현실은 아무것도 불가능하지 않은 무한하고 보이지 않는 천상의 영역에서 사는 것입니다. 본질적으로, 예수님처럼 믿을 때, 우리는 믿음으로 살 것이고, 불가능한 것이 가능하다고 믿으며 기도할 것입니다.

"대저 하나님의 모든 말씀은 능하지 못하심이 없느니라" (눅 1:37).

식료품점에서 내 앞에 있던 한 여성이 심하게 절뚝거리며 걷고 있었습니다. 나는 그녀에게 다리에 통증이 있는지 물었습니다. 그녀는 지난 1년 동안 왼쪽 무릎이 악화되었고, 통증 수준이 7이라고 말했습니다. 그녀는 이미 양쪽 어깨와 오른쪽 무릎을 교체했기 때문에 다시 수술을 하고 싶지 않았습니다. 나는 그녀에게 무릎 통증으로 고통받는 사람들을 위해 내가 기도해주었다는 것과 하나님께서 그들의 통증을 없애주셨다는 것을 말했습니다. 그녀는 "정말인가요? 와"라고 대답했습니다. 나는 그녀의 무릎을 위해 기도해도 되는지 물었습니다. 그녀는 "네"라고 대답했습니다. 나는 그녀의 어깨에 손을 얹고 말했습니다.

"하나님은 이 여성을 사랑하시고, 그녀는 수술을 원하지 않습니다. 그녀는 주님에게 의지하기를 더 원하십니다. 그러므로 저는 지금 이 관절염을 묶고 있는 통증의 영이 떠나도록 선포합니다. 그녀를 치유하시고 그녀의 무릎에 연골이 자라도록 하십시오."

그런 다음 나는 그녀에게 무엇을 느끼는지 물었습니다. 그녀는 걸을 때만 통증을 느낀다고 말했습니다. 나는 그녀에게 치유에 대해 예수님께 감사하고 믿음으로 몇 걸음 걸어보라고 요청했습니다. 그녀는 얼굴에 미소를 띠고 걸었습니다. 그녀의 통증은 이제 수준 4였습니다. 다시 한번, 나는 하나님께서 더 많은 치유를 가져오시고 통증이 떠나도록 간단한 기도를 했습니다. 그런 다음 나는 그녀에게 다시 걸어보라고 요청했습니다. 통증은 이제 수준 2였습니다. 한 번 더,

나는 통증이 떠나고 더 많은 치유를 위한 짧은 한 문장으로 기도했습니다. 그녀는 놀랐습니다. 그녀는 "와"라고 외쳤습니다. "통증이 전혀 느껴지지 않아요."

나는 그것이 하나님께서 그녀를 사랑하시기 때문이라고 말했습니다. 나는 하나님께 감사하고 그녀에게 어떻게 치유를 유지해야 하는지에 대해 지시했습니다.(자세한 내용은 제4장에 있습니다.) 우리가 사람들에게 믿음으로 나아가 치유를 "연습"하도록, 더 많이 격려할수록, 하나님은 그들에게 치유로 더 많이 보상하실 것이고, 그들은 그들의 치유를 유지할 믿음을 더 많이 가질 것입니다.

2. 우리의 감정을 붙잡고 있는 것

하나님은 우리의 기도를 들으십니다. 그분은 언제든지 누구든 치유하실 수 있으며, 우리가 치유되기를 원하십니다. 그러나 하나님은 또한 마음, 의지, 감정(당신의 혼)을 창조하셨고 감정을 다루는 방법에 자유로운 선택권을 주셨습니다. 만약 그것이 우리의 선택이라면, 그분은 건강하지 않은 감정을 계속 품고 있도록 허용하실 것입니다. 주님은 사람들이 치유를 원한다고 말하는 것을 들을 것이지만, 그들은 건강하지 않은 감정을 붙잡고 있는 무의식적인 필요를 깨닫지 못합니다. 특히 그것이 어떤 필요를 충족시키거나 삶을 사는 법을 배웠던 방식이라면 더욱 그렇습니다.

예를 들어, 우리가 방어적인 반응을 인식하지 못하거나, 화난 목소리 톤을 듣지 못하거나, 갈등에 대한 두려움을 느끼지 못할 수 있습니다. 특히 이러한 행동들이 어린 시절부터 우리의 일부였다면 더욱 그렇습니다. 제10장 '치유 기도 단계들'을 통해, 건강하지 않은 혼의 문제들을 드러내고 풀어낼 수 있습니다.

3. 하나님은 우리가 치유되기를 원하신다

첫째, 하나님은 우리를 너무나 사랑하셔서 부분적으로만 치유되는 것이 아니라 완전히 치유되기를 원하십니다.

둘째, 하나님은 우리의 필요를 아시고, 무엇을 풀어놓아야 하는지를 더 잘 아십니다.

셋째, 하나님은 우리가 그분을 개인적으로 알기를 원하시고, 그분께 요청하는 것보다 그분의 음성을 듣는 데 더 많은 시간을 보내기를 원하십니다.

결과적으로, 치유가 일어나지 않는다면, 우리의 치유를 막고 있을 감정적 트라우마에 대한 제12장에서 탐색을 확장하는 법을 배울 수 있습니다.

한 여성은 12년 동안 턱 통증(턱관절 장애), 목의 긴장과 경직, 그리고 턱을 벌리고 닫는 데 어려움을 겪었습니다. 그녀는 불면증, 두통, 그리고 잦은 편두통을 경험했습니다. 과거의 기도와 다양한 치료는 통증을 완화시키지 못했고, 설상가상으로 그녀는 폭력적인 사람과의 관계를 끝내려고 노력하면서 감정적 트라우마도 겪고 있었습니다.

내가 이렇게 사는 것이 어떤 기분인지 그녀에게 물었을 때, 그녀는 긴장되고, 무섭고, 상처받고, 폭력적이라고 말했습니다. 우리가 성령님께 이전에 이렇게 느꼈던 때를 드러내달라고 기도했을 때, 하나님은 그녀의 부모님의 학대로 인한 고통을 나타내는 이미지를 그녀의 마음에 가져오셨습니다. 나는 그녀에게 자신과 부모님 사이에 서서 그녀를 보호하시는 예수님을 상상해 보라고 요청했습니다. 그녀가 예수님과 함께 안전하다고 느끼자, 그녀는 감정적 트라우마, 신체적 트라우마를 풀어놓고 부모님을 용서할 수 있었고, 이는 그녀가 통증과 긴장 없이 목과 턱을 완전히 움직일 수 있는 상태로 걸어 다닐 수 있도록 했습니다.

4. 예수님께서 기도 중에 감정을 풀어내심

사람으로서, 예수님조차도 치유를 가져오기 위해 자신의 감정을 표현하셨습니다. 그분께서 겟세마네 동산에서 기도 시간을 보내시기 직전에, 예수님은 제자들에게 "내 혼이 심히 슬퍼 죽을 지경이니"(마 26:38 흠정역)라고 말씀하셨습니다.

예수님께서 이 극심한 고뇌와 극심한 두려움의 감정을 풀어놓으신 후에야, 그분은 "내 아버지여 만일 내가 마시지 않고는 이 잔이 내게서 지나갈 수 없거든 아버지의 원대로 되기를 원하나이다"(마 26:42)라고 기도하는 것을 계속하실 수 있었습니다.

우리는 예수님께서 그 기도 시간 동안 얼마나 극심한 감정을 느끼셨는지 압니다. 이는 의사인 누가가 "예수께서 힘쓰고 애써 더욱 간절히 기도하시니 땀이 땅에 떨어지는 핏방울 같이 되더라"(눅 22:44)고 기록했기 때문입니다.

예수님께서 피땀을 흘리게 한 극심한 고뇌는 의학적으로 혈한증이라고 불리는 상태로, 극심한 스트레스와 고뇌 속에서 혈관이 땀샘을 통해 피를 내보내는 것입니다. 예수님께서는 인간의 신체적 상태를 경험하고 계셨습니다. 사람이 그러한 감정적인 시간 동안에 논리적인 결정을 내리는 것은 어려울 것입니다. 예수님께서 피땀을 흘리게 한 극심한 감정을 풀어내신 후에야, 그분께서 아버지의 뜻을 이루기로 결정하실 수 있었다는 것은 이해할 만해 보입니다. 우리는 예수님처럼 트라우마적인 것을 경험하지 않을 수도 있지만, 하나님은 또한 우리가 건강하지 않은 감정을 풀어놓아 삶에서 더 건강한 결정을 내리기 위해 그분의 음성을 듣는 능력을 향상시키기를 원하십니다.

5. 감정 표현에 대한 자유 의지

하나님께서 우리를 자유 의지를 가진 존재로 창조하셨기 때문에, 우리는 스스로 결정할 자유가 있습니다. 우리가 건강하지 않은 감정을 더 많이 억누를수록, 감정은 논리적인 결정을 내리는 능력을 더 많이 압도하고, 자신의 치유를 믿는 것을 방해할 것입니다.

논리와 감정은 균형 잡힌 삶의 결정을 위해 함께 작용하여 가치와 중요성을 만들어야 합니다. 예를 들어, 성인으로서 누군가 목소리를 높일 때마다 극심한 불안을 경험한다면, 그것은 주로 어린아이 같은 감정에서 기능하고 있다는 증거일 수 있습니다. 이는 우리의 논리를 포함하는 성인의 반응이 아닙니다. 이것은 우리의 감정(논리가 아님)이 스트레스 상황에 어떻게 반응하는지에 대한 원동력이라는 것을 의미합니다. 만약 우리가 논리를 사용하고 있다면, 그 사람들이 자신의 미성숙 문제 때문에 갈등하거나 목소리를 높이고 있다는 것을 인식할 것이고, 논리적으로 두려워할 이유가 덜하다는 것을 깨달을 것입니다. 현재 상황에 필요한 것보다 더 큰 감정적 반응을 보인다면, 그것은 우리가 여전히 혼의 본성 안에 있는 해결되지 않은 부정적인 감정에서 살고 있다는 증거입니다. 종종, 이러한 감정들은 삶의 초기에 만들어지고, 정상적인 반응이 될 때까지 내면에 품고 있습니다. 시간이 지나면서, 이러한 건강하지 않은 감정과 믿음은 너무나 현실이 되어 정체성과 기능하는 방식에 통합됩니다.

우리가 사고를 어떻게 정렬시키느냐에 따라 치유 결과가 결정될 수 있습니다. 만약 혼과 몸, 즉 세상에서 육체적으로 느끼고 보는 것 사이에서 사고를 정렬시킨다면, 오직 자연적인 감각에만 의존할 것이고, 치유를 결정하는 데 있어 그 감각과 믿음에만 국한될 것입니다. 반면에, 사고를 혼과 영 사이에서 정렬시킨다면, 무한한 가능성을 가질 것입니다. 왜냐하면 치유에 대한 믿음을 느끼거나 어떻게 느끼는지에 관계없이 "우리 주 예수 그리스도의 아버지께서 그리스도 안에서 하늘에 속한 모든 신령한 복을 우리에게 주시기 때문입니다"(엡 1:3).

우리는 하나님께서 우리가 갖기를 원하시는 것을 어떻게 얻고, 건강하지 않은 감정을 어떻게 드러내고 풀어놓는지 대해 앞으로의 여러 장들에서 더 많이 배우게 될 것입니다.

제8장

우리가 치유 권능을 믿지 않는 이유

1. 믿음에 대한 어려움을 극복하기

나는 치유를 위해 기도하던 초기에 내가 다른 사람들을 치유할 하나님의 권능을 가지고 있다는 것을 믿는 데 얼마나 어려움을 겪었는지 깨닫지 못했습니다. 누군가 목 통증에 대한 간단한 격려 기도를 요청하면, 나는 하나님께서 이루어 주시기를 바라면서 기도했습니다. 그러나 휠체어를 탄 사람이 나에게 오면, 나는 내면에 약간의 공황을 경험했고, 아마도 갑자기 화장실에 가야 하거나 다른 사람에게 기도를 도와달라고 해야 할 필요성을 느꼈을 것입니다. 누군가 나에게 기도를 요청했을 때 나는 자신감이 부족했습니다. 심지어 기도한 후에도 내가 옳게 말했는지, 옳게 행동했는지 의심하곤 했습니다. 나는 이 생각이 옳지 않다는 것을 알고 있었습니다.

예수님의 능력과 권위는 목 통증이나 휠체어를 탄 사람에게나 동일했기 때문입니다. 하지만 나는 하나님께서 내 기도를 통해 실제로 역사하실지에 대한 불안감을 떨쳐낼 수 없었습니다.

나는 교회에서 자라면서 하나님의 진노와 사랑에 대해 들었지만, 마음에 예수님을 영접할 때 그분이 가지신 모든 것을 충만히 받는다는 것을 듣지 못했습니다.

> "우리가 다 그의 충만한 데서 받으니 은혜 위에 은혜러라"(요 1:16).

많은 사람은 예수님께서 죽으셨을 때 자신의 옛 본성이 그분과 함께 죽었고 자신이 '새로운 피조물'이 되었다는 것을 깨닫지 못합니다.

> "그런즉 누구든지 그리스도 안에 있으면 새로운 피조물이라. 이전 것은 지나갔으니 보라 새것이 되었도다"(고후 5:17).

그러므로 우리가 용서를 구하고 마음에 예수님을 영접할 때, 당신은 옛 죄들로부터 자유롭게 됩니다. 그리고 우리는 새로운 피조물로서 그분의 영의 모든 것이 우리 안에 거하시기 때문입니다

> "너희는 너희가 하나님의 성전인 것과 하나님의 성령이 너희 안에 계시는 것을 알지 못하느냐"(고전 3:16)?

이것은 놀라운 소식입니다. 이것은 우리가 하나님께 치유를 요청할 때 예수님과 동일한 능력과 권위를 가지고 있다는 것을 의미합니다. 그러나 우리가 하나님의 권위를 믿는 데 어려움을 겪는다면, 다루어야 할 더 큰 문제가 있습니다. 문제는 하나님에게 있는 것이 아니라, 우리 자신에게 믿음에 대한 어려움에 있습니다. 만약 당신이 매우 좋지 않거나, 가치 없거나, 의심하거나, 사랑을 받을 수 없다고 느끼거나, 치유할 권위를 믿는 데 어려움을 겪는다면, 믿음의 위기

를 겪고 있는 것입니다.

나는 신앙생활을 오래 한 80세 노인과 이야기한 적이 있습니다. 내가 그에게 기도 받을 것에 관하여 물었고, 그는 자신에 대한 많은 의심을 가지고 있다고 말했습니다. 그는 사람들을 위해 기도하는 것, 특히 그의 아내가 치유되도록 기도하는 것에 자신감이 크지 않다고 고백했습니다. 그는 자신이 기도할 때 하나님께서 치유하시는 것을 볼 수 있도록 믿음을 증가시키기 위해 나에게 기도해달라고 요청했습니다.

그는 자신이 기도한 후에도 변화를 보지 못했을 때 얼마나 슬프고 낙담했는지 계속해서 말했습니다. 나는 이 믿음의 사람이 이러한 의심을 느껴서는 안 된다고 식별했기 때문에, 하나님께 그를 어린 시절로, 그가 의심, 자신감 부족, 그리고 낙담을 느꼈던 때로 데려가 달라고 요청했습니다.

하나님은 그에게 5살 때 혼자 모래 상자에서 놀던 것을 기억나게 하셨습니다. 그는 낙담했고 부모님과 감정적으로 거리가 멀다고 느꼈던 것을 기억했습니다. 나는 그에게 예수님이 모래 상자 안으로 그와 함께 오시는 것을 상상해 보라고 요청했습니다.

나는 예수님의 이름으로 감정적 트라우마, 육체적 트라우마, 외로움, 슬픔, 그리고 낙담이 사라지라고 명령했습니다. 그런 다음 나는 예수님께서 그의 마음을 빛, 사랑, 기쁨, 그리고 격려로 채워주시도록 기도했습니다. 그는 예수님이 자신에게 관심을 주시고 함께 놀아주시는 것을 보자마자 즉시 얼굴에 미소를 지었습니다. 그는 마음이 가벼워지고 따뜻한 느낌이 온몸을 감싸는 것을 경험했다고 말했습니다. 그러고 나서 그는 "집에 가서 아내를 위해 기도하고 싶어 견딜 수가 없네요!"라고 말했습니다.

2. 누군가가 먼저 우리를 믿었기 때문에 우리가 믿는다

믿음의 위기는 우리를 믿지 않았던 어떤 권위자로부터 삶의 초기에 형성됩니다. 본질적으로, 삶의 초기에 중요한 사람들로부터 받는 사랑의 양과 유형은 평생 동안의 가치와 중요성을 결정할 수 있습니다. 또한, 우리가 가지고 있는 가치의 양은 타인과 하나님 안에서 신뢰와 믿음의 측정을 결정합니다. 예를 들어, "잘했어," "네가 자랑스러워," "사랑해"와 같은 긍정적인 말뿐만 아니라 포옹과 키스와 같은 애정의 표현을 받는 것은 궁극적으로 우리의 치유를 믿는 믿음의 측정을 만듭니다. 그러나 사랑을 받지 못하거나, 권위자들이 삶의 초기에 부정적인 말을 할 때, 우리의 "사랑 은행"은 비어 있을 것이고, 나중에 삶에서 우리는 삶과 능력에 대한 부정적인 생각과 의견에 더 취약해질 것입니다. 우리는 치유 받을 가치가 있는지 의심하고, 질문하고, 믿는 데 어려움을 겪을 것입니다.

성경은 하나님께서 먼저 우리를 사랑하셨기 때문에 우리가 사랑한다는 것을 알려줍니다.

> "우리가 사랑함은 그가 먼저 우리를 사랑하셨음이라"(요일 4:19).

우리는 하나님을 알지 못한 채 태어났기 때문에, 부모(특히 아버지)는 하늘 아버지의 사랑, 능력, 그리고 권능의 첫 번째 역할 모델이었습니다. 우리가 다르게 배우지 않는 한, 부모님으로부터 배운 것(또는 배우지 못한 것)은 하늘 아버지로부터 사랑, 능력, 그리고 권능을 해석하고, 주고, 받는 방식에 뿌리 박히게 될 것입니다. 결과적으로, 우리 삶의 초기에 겪는 외부 경험은 나중에 삶에서 내면적 믿음을 결정합니다.

성경은 "마땅히 행할 길을 아이에게 가르치라 그리하면 늙어도 그것을 떠나지 아니하리라"(잠 22:6)고 말씀합니다. 삶의 가장 영향력 있는 시기에 경험하는 것은 평생 동안 각인을 만듭니다. 건강하지 않은 감정과 믿음을 해결하고 풀어놓지 않는 한 그럴 것입니다.

어느 날 밤, 한 어머니가 고열로 소파에 누워 있었습니다. 그녀의 7살 난 아들이 그녀를 낫게 해달라고 기도해도 되는지 물었습니다. 그녀가 동의하자, 소년은 그녀의 머리에 손을 얹고 단순히 하나님께 열을 없애달라고 요청했습니다. 다음 날 아침이 되기 전에 열은 사라졌고 어머니는 정상으로 돌아왔습니다. 그 소년은 가족을 통해 기도의 능력이 행해지는 것을 보는 데 익숙했으며, 이는 기도가 어머니를 도울 것이라는 의심 없는 믿음과 신념을 형성했습니다.

마가복음 10장 15절에서 예수님은 제자들에게 어린아이와 같이 하나님의 나라를 받들으라고 말씀하셨습니다. 어린아이의 믿음은 당신이 요청하는 것을 하나님께서 행하실 것이라고 믿는 능력과 권위를 가질 만큼 단순할 수 있습니다. 종종 혼의 상처가 어린아이와 같은 믿음으로 기도하고 믿는 능력을 방해하는 경우가 있습니다.

지상의 권위자들로부터 어린 시절에 받은(또는 받지 못한) 사랑, 칭찬, 수용은 하늘의 권위자에게서 받는 동일한 사랑, 칭찬, 수용으로 이어질 것입니다. 다음 표는 우리가 어린 시절에 받은 것과 그것이 나중에 삶에서 믿거나 느끼는 것으로 어떻게 변환되는지 사이의 상관관계를 보여줍니다.

우리가:	우리는 자신이:
사랑받았을 때(포옹/키스)	사랑받고, 충분하고, 가치 있고, 받을 자격이 있다고 믿습니다.
신뢰받았을 때	자신감 있고, 하나님이 당신을 위해 가지신 것을 받을 자격이 있다고 믿습니다.
격려받았을 때	격려받고, 자신감 있고, 나아갈 수 있고, 믿을 수 있다고 믿습니다.
경청되었을 때	하나님께 응답받고, 가치 있고, 중요하며, 돌봄 받는다고 믿습니다.
위로받았을 때	위로받고, 안심되고, 평화롭고, 사랑받는다고 믿습니다.

우리는:	우리 자신이:
사랑받지 못했거나/포옹받지 못했을 때	사랑받지 못하고, 충분하지 않고, 가치 없고, 받을 자격이 없다고 믿습니다.
비판받았을 때	자신감 없고, 가치 없고, 미미하고, 중요하지 않다고 믿습니다.
신뢰받지 못했을 때	의심하고, 자신을 믿지 않고, 믿음을 제한한다고 믿습니다.
낙담했을 때	갇히고, 미래가 두렵고, 자신감 없고, 낙담한다고 믿습니다.
경청되지 못했을 때	경청되지 않고, 말할 수 없고, 중요하지 않다고 믿습니다.

위로받지 못했을 때	걱정하고, 불안하고, 사랑받지 못하거나 하나님과 가깝지 않다고 믿습니다.
무시당했을 때	신뢰받지 않고, 중요하지 않고, 미미하고, 공허하고, 길을 잃었다고 믿습니다.

3. 과거가 치유와 어떻게 관련되는가?

어린 시절에 양육자와 권위자들이 우리가 필요로 하는 것을 주지 않았을 때, 우리는 나중에 삶에서 감정적으로, 영적으로, 그리고 신체적으로 어려움을 겪을 수 있습니다.

다음 항목들은 우리가 다음과 같은 양육자 및 또는 함께 살았던 사람들과 함께 성장했을 때 치유에 대한 믿음과 더불어 어떻게 어려움을 겪을지 보여주는 예시입니다.

* 감정적으로 또는 신체적으로 이용할 수 없었거나, 약속을 어기거나, 가족을 떠났거나, 죽었거나, 이혼한 양육자들과 주변 사람들: 우울증, 불신, 그리고 하나님으로부터 사랑을 듣거나, 느끼거나, 받지 못하는 것과 같은 건강하지 않은 감정으로 인해 치유가 방해받을 수 있습니다. 자신이 치유를 받거나 누군가가 우리의 치유를 위해 기도해 줄 만큼 충분히 좋거나, 가치 있거나, 받을 자격이 있다고 믿는 데 어려움을 겪습니다. 우리는 하나님이 멀리 계시고, 우리를 버리셨으며, 우리가 기도할 때 응답하신다는 것을 신뢰할 수 없다고 느낍니다.

* 위로하거나 애정 표현을 하지 않았거나, 종교적으로 엄격했거나, 율법주의적이거나, 비판적이거나, 학대적이거나, 정죄하는 양육자들과 주변 사람들:

하나님을 비판적이시고, 화내시고, 판단적이시고, 사랑이 없으시고, 멀리 계시고, 징벌적이시라고 해석하여 우리의 치유가 방해받을 수 있습니다. 우리는 하나님의 위로, 승인, 사랑, 용서, 그리고 치유를 받을 가치가 없고 합당하지 않다고 느낍니다. 충분한 믿음이 없다고 느낍니다. 완벽해야 하거나 하나님의 사랑과 치유를 위해 노력해야 한다고 느낍니다.

* 우리의 말을 잘 경청하지 않거나 감정과 의견을 무시했던 양육자들과 주변 사람들:
우리의 기도, 의견, 생각, 감정, 그리고 치유가 하나님께 중요하지 않거나, 들리지 않거나, 가치 없거나, 불필요하거나, 미미하다고 믿음으로써 치유가 방해받을 수 있습니다.
치유 기도 중에 고통받는 사람이 위에서 언급된 건강하지 않은 감정이나 믿음 중 하나라도 말로 표현한다면, 제10장 '치유 기도 단계들'을 사용하여 이러한 건강하지 않은 감정의 기원을 밝히고, 건강한 감정을 회복하는 과정을 시작하기 전에 이러한 감정들을 풀어내십시오. 건강한 믿음은 건강하지 않은 감정을 풀어놓은 결과로 자동적으로 인식되는 경우가 많습니다.

4. 하나님이 주신 권위와 능력을 믿는 방법

만약 우리가 치유를 위해 기도할 영적 권위를 믿는 데 어려움을 겪고 있다면, 하나님의 권위와 능력으로 자신감을 높이고 사역하는 데 도움이 될 만한 제안들이 있습니다.

① 잘못된 인식을 바꾸십시오. 상처받은 영혼의 문제를 다루어 자신의 불신과 확신 부족의 근원을 찾으십시오. 부정적인 감정과 불경

건한 믿음이 자신의 권위와 치유에 대한 진실을 지배하게 하지 마십시오. 부정적인 말과 믿음은 과거 어딘가에 해결되지 않은 상처와 부정적인 감정의 증거입니다. 해결되지 않은 감정은 하나님의 말씀의 진리에 대한 믿음을 압도할 만큼 강력합니다. 제10장 '치유 기도 단계들'을 따르면서 다음 단계를 수행하여 부정적인 감정을 식별하십시오.

- 자신의 삶에서 상처를 주거나 부정적인 영향을 미쳤던 권위자, 양육자, 중요한 사람 또는 사건을 생각하십시오. 자신에게 상처를 준 각 사람이나 사건으로부터 파생된 감정들을 생각하십시오.
- 각 사람(하나님과 자신을 포함하여) 또는 사건에 대해 그들이 우리에게 행한 일과 느끼게 한 일에 대해 용서하십시오. 하나님께 그들을 축복해달라고 요청하십시오.
- 자신에게 격려하고 고무적인 생명의 말을 하십시오. 예를 들어, 이전 도표에서 긍정적인 말, "나는 … 있다고 믿을 것입니다"를 말하십시오.

몇 년 전, 치유 기도 시간 동안, 나는 기도할 때 무엇을 말해야 할지 종종 어려움을 겪었습니다. 나는 내가 단지 예수님께서 나를 통해 역사하시도록 허용하는 도구일 뿐이라는 것을 깨달았습니다. 이제 나는 치유의 책임을 예수님께 전가합니다. 누군가 기도를 원할 때, 나는 내 영으로 "예수님, 이 상황에서 저에게 무엇을 하라고 말씀하시렵니까?"라고 묻습니다. 아무것도 들리지 않으면, 나는 다시 큰 소리로 성령님께 나 자신이나 기도를 요청하는 사람에게 진리를 드러내시도록 기도할 수 있습니다. 내가 그 사람에게 그의 상태에 대해 더 많은 질문을 할 때, 나는 성령님께서 무엇을 드러내실지 기다립니다. 나는 하나님이 주신 권위를 믿고 성령님께서 우리의 필요를 채워주실 것을 알고 믿음으로 나아갑니다. 그리고 그분은 그렇게 하십니다.

② 하나님 안에서 자신의 권위를 증가시키기 위해 예수님과 더 가까운 관계를 만드십시오. 자신의 권위를 믿는 좋은 방법 중 하나는 권위를 주신 분과 더 많은 시간을 보내는 것입니다. 예수님과 더 많은 시간을 보낼수록, 그분의 수용과 사랑을 더 많이 느낄 것입니다. 결과적으로, 더 많은 사랑을 느낄수록, 그분의 권위를 사용할 권위가 있다고 더 많이 믿을 것입니다. 어떤 관계와 마찬가지로, 함께 더 많은 시간을 보낼수록, 함께 더 많이 성장할 것입니다. 다음은 예수님과 더 가까워지는 간단한 단계입니다.

- 편안한 곳에 앉아서, “성령님의 임재와 예수님의 사랑을 보여주셔서 감사합니다”라는 간단한 기도를 하십시오. 하나님께서 나 자신에게 말씀하시도록 인도하시는 다른 어떤 것도 기도할 수 있습니다.
- 긴장을 풀면서 예수님이 나 자신과 함께 계시는 것에 집중하십시오. 예수님이 내 옆에 앉아 계신 것을 상상하고, 그분께서 나에게 주고자 하시는 것을 더 많이 요청하십시오. 조용히 앉거나 누워서 또는 부드러운 음악과 함께 그분의 임재 안에 “잠길” 수 있습니다. 나 자신의 모든 감각이 주변 환경에 민감해지도록 허용하십시오. 그분의 음성을 들으십시오.

“이르시기를 너희는 가만히 있어 내가 하나님 됨을 알지어다”

(시 46:10a).

③ 다른 유용한 제안들

- 부정적인 이미지가 나 자신의 마음에 떠오르면, “예수님의 이름으로, 부정적인 생각은 사라지고 다시는 돌아오지 말지어다. 성령님, 예수 그리스도의 이미지를 저에게 주십시오”라고 기도할 수 있습니다.
- 자신의 마음이 질주하고 진정되지 않는다면, 심호흡을 하고 예수님께 평화를 달라고 요청하십시오. (제10장 ‘치유 기도 단계들’의 5단계, 혼과 영의 회복에서 찾을 수 있는 ‘사랑의 포옹’과 함께 ‘위로와 계시 단계’를 사용할 수 있습니다.)
- 압도되거나 슬프거나 불안해서, 마음이 진정되거나 이완될 수 없다면, 제10장 ‘치유 기도 단계들’을 사용하거나 기도 사역자 또는 전문가와 상담하여 삶의 감정적인 문제를 다룰 것을 권합니다.

④ 삶의 영적, 감정적 영역에서 긍정적인 변화를 경험하지 못한다면:

- 더 많은 시간을 쉬면서, 성령님께 말씀하시거나 가기를 원하시는 곳으로 데려가달라고 요청하십시오.
- 내면의 치유를 위해 영혼의 상처(마음, 의지, 감정, 불경건한 믿음, 죄, 용서)를 식별하고 풀어놓는 작업을 하는 기독교 상담사 및 또는 확고한 치유 사역자를 찾으십시오.
- 하나님께서 나 자신을 통해 행하실 권위, 능력, 그리고 더 큰 일에 대한 아래의 성경 말씀을 묵상하십시오.

“예수께서 그의 열두제자를 부르사 더러운 귀신을 쫓아내며 모든 병과 모든 약한 것을 고치는 권능을 주시니라"(마 10:1, 눅 9:1).

"내가 너희에게 뱀과 전갈을 밟으며 원수의 모든 능력을 제어할 권능을 주었으니 너희를 해칠 자가 결코 없으리라"(눅 10:19).

"믿는 자들에게는 이런 표적이 따르리니 곧 그들이 내 이름으로 귀신을 쫓아내며 새 방언을 말하며 뱀을 집어 올리며 독을 마실지라도 해를 받지 아니하며 병든 자에게 손을 얹은즉 나으리라 하시더라"(막 16:17-18).

"친히 나무에 달려 그 몸으로 우리 죄를 담당하셨으니 이는 우리로 죄에 대하여 죽고 의에 대하여 살게 하려 하심이라. 그가 채찍에 맞음으로 너희는 나음을 얻었나니"(벧전 2:24).

"오직 성령이 너희에게 임하시면 너희가 권능을 받고 예루살렘과 온 유대와 사마리아와 땅끝까지 이르러 내 증인이 되리라 하시니라"(행 1:8).

"찬송하리로다. 하나님 곧 우리 주 그리스도의 아버지께서 그리스도 안에서 하늘에 속한 모든 신령한 복을 우리에게 주시되"(엡 1:3).

"우리 가운데 역사하시는 능력대로 우리가 구하거나 생각하는 모든 것에 더 넘치도록 능히 하실 이에게 교회 안에서와 그리스도 예수 안에서 영광이 대대로 영원무궁하기를 원하노라. 아멘"(엡 3:20-21).

"내게 능력 주시는 자 안에서 내가 모든 것을 할 수 있느니라"(빌 4;13).

"나의 하나님이 그리스도 예수 안에서 영광 가운데 그 풍성한 대로 너희 모든 쓸 것을 채우시리라"(빌 4:19).

⑤ 다음 진리들을 기억하십시오.

- 하늘 아버지는 우리의 지상 아버지와 같지 않습니다.
- 우리의 제한된 인식은 하나님의 무한한 가능성을 결정하지

않습니다.

- 우리의 내면적 믿음은 하나님의 능력의 외부적 현실을 결정하지 않습니다.
- 치유 기도는 우리를 통해 역사하시는 하나님의 권능 때문에 불가능한 것을 가능하도록 기대하는 것입니다.
- 가장 큰 감정적 산을 움직이는 데는 작은 눈물 한 방울이면 충분합니다.

제2부

치유를 위한 마음과 몸의 연결 사용하기

Healing

제9장

능력과 권위로 치유를 위해 기도하기

폴에 대한 치유 이야기

폴이라는 남성이 딸을 상담받게 하려고 복도를 절뚝거리며 걸어왔습니다. 우리는 앉아서 서로를 소개한 후, 나는 폴에게 왜 절뚝거리는지 물었습니다. 그는 지난 4개월 동안 악화되어 온 파열된 반월상 연골에 대해 말했습니다. 폴은 현재 통증 수준이 9정도라고 말했습니다. 그의 의사들은 수술을 권했지만, 폴은 수술을 원하지 않는다고 말했습니다. 나는 이것을 하나님이 일하시는 것을 볼 기회로 여겼고, 그의 무릎 통증 치유를 위해 기도해도 되는지 물었습니다.

그의 무릎에 손을 얹는 허락을 받고, 나는 하나님께 감정적, 육체적, 세포 기억 트라우마를 풀어내고 파열된 반월상 연골을 치유해 달라고 기도했습니다. 폴은 무릎이 뜨거워지기 시작하면서 통증이 완전히 사라졌다고 말했습니다. 놀란 폴은 가장 큰 미소를 지으며 "와, 전에는 이렇게 할 수 없었어요"라고 말하면서 뛰어다니기 시작했습니다.

나는 하나님이 우리를 사랑하시고 치유해 주시기를 원하시며 가족의 필요를 돌보신다고 설명했습니다.

몇 달 후, 나는 로비에서 가족을 기다리는 폴을 보았습니다. 그가 약간 절뚝거리며 걷는 것을 보고 그의 다리에 대해 물었습니다. 그는 스포츠를 하다가 다시 무릎을 다쳤다고 말하며 약간 당황한 듯 보였습니다. 그는 지난번에 기도했을 때만큼 나쁘지는 않다고 주장했지만, 여전히 통증 수준이 6이었고 걷는 데 어려움을 겪었습니다. 다시 한번 그는 기도에 동의했지만, 이번에는 폴이 자신의 개인적인 치유 능력을 배우기 원했습니다.

나는 그에게 무릎을 가리키며 확신 있게 "제가 한 일에 대해 저를 용서합니다. 예수님의 이름으로 명하노니 무릎이 치유되고 고통이 사라질지어다"라고 명령하라고 말했습니다.

내가 통증이 0에서 10 사이의 어느 정도인지 물었을 때, 그는 4라고 말했습니다. 우리는 치유해 주신 하나님께 찬양을 드렸고, 나는 "나머지 고통도 없앱시다"라고 말했습니다. 나는 그에게 예수님의 이름으로 고통이 사라지도록 다시 한번 명하라고 했습니다. 고통이 그의 몸의 일부가 될 권한이 없다고 믿으면서 말입니다. 그가 권위 있게 치유를 명하자, 고통은 사라졌고 그는 어려움 없이 걸어 나갔습니다.

2. 우리는 능력과 권위를 받았다

폴이 자신의 무릎에게 치유되라고 명령할 수 있었던 것처럼, 믿는 자는 자신의 몸에 치유를 명령할 능력과 권위가 있습니다.

예수님은 단지 교회에 가서 임무만 끝내라고 십자가에서 죽으신 것이 아닙니다. 대부분의 사람들은 하나님께 치유를 구할 때, 그들의 요청에는 약간의 의심이 섞여 있습니다. 그들은 하나님이 과연 그들의 연약함과 불안감을 뚫고 역사하실지 의아해합니다. 그러나 예수님은 우리의 본보기가 되기 위해 사셨고, 그분이 가지셨던 것과 동일한 권위와 능력으로 기도할 수 있도록 죽으셨습니다. 기억하십시오. 우리가 예수님과 동일한 능력과 권위로 기도할 수 있는 이유는 그리스도께서 우리를 위해 죽으셨고, 이제 그분의 영이 우리 안에 거하시기 때문입니다.

> "너희는 너희가 하나님의 성전인 것과 하나님의 성령이 너희 안에 계시는 것을 알지 못하느냐"(고전 3:16)?

우리가 마음에 예수님을 영접했을 때, 우리는 예수님께서 가지신 모든 것을 받았습니다.

> "우리가 다 그의 충만한 데서 받으니 은혜 위에 은혜러라"(요 1:16).

결과적으로, 우리는 그리스도인으로서 더러운 영들을 제어할 능력과 모든 질병을 치유할 권위가 있습니다.

> "예수께서 그의 열두제자를 부르사 더러운 귀신을 쫓아내며 모든 병과 모든 약한 것을 고치는 권능을 주시니라"(마 10:1, 눅 9:1).

가장 좋은 점은, 예수님께서 사도행전 1장 8절에서 제자들에게 "오직 성령이 너희에게 임하시면 너희가 권능을 받으리라"고 지시하신 것과 동일한 방식으로 우리가 능력을 받을 수 있다는 것입니다. 성령님께서 우리의 마음에 충만하게 하시도록 요청하기만 하면, 그분의 더 많은 능력을 받을 것입니다. 다음 단계는 그 권위로 기도하는 것입니다.

3. 능력과 권위로 기도하기

복음서의 20%가 예수님의 치유 사역에 관한 것이므로, 치유는 우리가 그분의 사역에서 배워야 할 주요한 것들 중 하나라는 것은 논리적으로 보일 것입니다. 흥미로운 점은, 예수님께서 우리가 기도하는 전통적인 방식으로 치유를 위해 기도하지 않으셨다는 것입니다. 사실, 그분은 단순히 하나님께 사람들을 치유해달라고 기도하지 않으셨습니다. 그분은 병약함과 질병을 마음에나 몸의 일부로서 속하지 않고 존재할 법적 권리가 없는 상태로 보셨습니다. 그 결과, 그분은 사람들에게 기도하지 않고, 대신 그 상태에 대해 권위를 취하고 단호하게 떠나라고 명령하셨습니다. 우리도 똑같이 할 수 있습니다. 다음은 우리가 권위와 능력으로 치유 사역하는 데 도움이 되는 제안입니다.

① 질병, 통증 또는 감각을 인체에 속하지 않는 이물질로 취급하십시오. 예수님의 이름으로 우리 자신이 완전한 권위와 능력을 가지고 있다고 믿고, 그 완전한 권위로 단호하게 말하여 그것에게 떠나라고 명령하십시오.

예를 들어, 확신 있게 "나는 감정적, 육체적 세포 트라우마에게 떠나라고 예수님의 이름으로 명령한다. 나는 통증이 사라지고 파열된

근육이 치유되라고 명령한다"라고 말할 수 있습니다. (제10장 '치유 기도 단계들'의 2단계 참조.)

② 치유를 위해 기도할 때, 우리는 '명령한다' 또는 '저주한다'라는 단어를 사용할 선택권이 있습니다. 나는 '저주한다'라는 단어를 사용하는 것을 선호하는데, 이는 예수님께서 무화과나무를 저주하여 다시는 열매를 맺지 못하게 하셨기 때문입니다(막 11:21 참조). 또한, 아담과 하와는 무화과 잎으로 그들의 원죄를 가렸습니다(창 3:7 참조). 나는 예수님께서 원죄와 관련된 모든 것을 저주하고, 치유를 구하는 사람에게서 모든 트라우마, 죄 또는 부정적인 생각을 근절하기 위해 말씀하신 것과 동일한 단어를 사용하고 싶습니다.

③ 어떤 사람들은 자신들이 삶의 정상적인 상태로서 통증을 경험하도록 "의도되었다"고 믿습니다. 이러한 사고방식은 통증에 힘을 주고 고통받는 사람을 건강하지 않은 상태에 머물게 합니다.

잠언 23장 7절은 "대저 그 마음의 생각이 어떠하면 그 위인도 그러한즉"이라고 말씀합니다. 하나님의 나라에서는 우리는 건강해야 하고 병들어서는 안 됩니다. 통증을 우리에게 붙어 있을 법적 권리가 없는 이물질로 생각하십시오. 예수님의 이름으로 통증을 저주하고 떠나라고 말하십시오. 만약 다시 돌아온다면, 다시 떠나라고 명령하십시오. 통증이 계속된다면, 제10장 '치유 기도 단계들'의 2단계를 사용하는 것을 고려하십시오.

④ 질병에게 떠나라고 확신 있게 명령하고, 우리가 말하는 것이 예수님의 권위를 지니고 있다고 믿으십시오. 우리가 기도하는 동안 의

심하거나, 궁금해하거나, 질문하기 시작하면, 우리는 예수님의 능력이 아니라 우리의 마음이 통제하도록 허용한 것입니다. 결과적으로, 치유가 즉시 일어나지 않으면 더 많은 낙심이 나타날 것입니다. 다시 집중하려면, 하나님께 방해되는 생각을 지워달라고 요청하십시오. 기도할 때 예수님이 나 자신과 함께 서 계신다고 생각하고, 그리스도의 권위를 자신의 중심에 두고 다시 기도하십시오.

⑤ 짧고, 구체적이며, 자신감 있는 명령을 사용하십시오. 항상 그런 것은 아니지만, 더 오래 기도할수록, 우리 자신의 불안감 때문에 무언가를 이루려고 더 노력하게 됩니다. 예를 들어, 제복을 입은 경찰관의 권위는 우리에게 멈추라고 한 번만 말하면 됩니다. 우리가 예수님의 권위를 사용할 때, 우리의 명령은 자동적으로 능력이 나타나며 많은 말을 할 필요가 없습니다.

4. 우리의 믿음이 시험받는 것을 멈추라

우리가 사역할 때 치유가 일어나지 않으면, 우리의 믿음이 시험받을 수 있고, 의심, 무능감, 그리고 믿음 수준에 대한 의문이 일어나는 것을 경험할 수 있습니다. 기도 사역자들이 그들의 믿음에 의문을 제기하는 일반적인 이유 중 일부는 다음과 같습니다.

① 용서하지 않는 마음, 회개하지 않는 죄, 또는 혼의 문제들은 기도와 하나님으로부터 듣는 능력을 방해할 수 있습니다. 이것은 특히 다른 사람들의 기도 제목들 때문에 감정적으로 유발될 때 더욱 그렇습니다. 그 결과, 다른 사람들을 위해 기도할 때 하나님의 음성을 듣거나 객관적인 상태를 유지하기 어려울 수 있습니다. 이러한 일이 발

생하면, 우리 자신의 시간을 사용하여 제10장 '치유 기도 단계들'의 2단계를 사용하거나, 다른 기도 사역자에게 영혼 문제를 해결하는 데 도움을 요청하십시오.

② 좋은 마음을 가진 기도 사역자들은 다른 사람들의 기도 염려와 고통에 대해 너무 많은 책임감과 실망감을 가질 수 있습니다. 사람을 치유하는 것이 우리의 책임이 아니라는 것을 기억하는 것이 중요합니다. 우리의 의무는 치유를 위해 기도하고 믿는 것입니다. 하나님의 의무는 치유를 제공하는 것입니다. 결과가 어떻든 상관없이 그 상태를 예수님께 맡기고, 고통받는 사람이 자신의 치유를 믿도록 격려하십시오. 너무 많은 책임을 지는 것은 우리 자신의 상처받은 마음의 결과입니다. 우리 자신의 삶에서 제10장 '치유 기도 단계들'의 2단계를 사용하는 시간을 보내거나, 다른 기도 사역자에게 혼 문제를 해결하는 데 도움을 요청하십시오.

제10장

치유 기도 단계들

'치유 기도 단계들'은 치유가 일어나지 않을 때 돌파구를 찾기 위해 사용됩니다. 이 단계들은 우리가 배운 다른 기도 모델을 대체하기 위한 것도 아니고, 과거의 트라우마를 억지로 겪게 하도록 설계된 것도 아닙니다. 이 단계들은 트라우마의 원래 원인을 밝히고 안전하게 풀어내어 영구적인 치유가 일어날 수 있도록 하는 데 사용됩니다. 이 기도들은 우리의 삶 또는 기도하는 사람의 삶을 하나님의 사랑, 은혜, 그리고 자유로 완전히 회복시키기 위해 직접 또는 전화로 할 수 있습니다.

1단계: 치유를 위한 기도

① 묻기: "당신의 이름은 무엇인가요? 무엇을 위해 기도해야 하나요?"

② 묻기: "마음과 몸의 상태가 어느 정도(강도 수준)로 느껴지나요?" (0-10 통증 척도를 사용하십시오. 0은 통증이 전혀 없고 10은 극심한 통증입니다.)

③ 명령: 예수님의 이름으로 감정, 통증, 그리고 신체적 상태에

게 떠나라고 명령하십시오.

④ 묻기: "이제 마음과 몸의 상태가 어느 정도(강도 수준)로 느껴지나요?" (동일한 0-10 척도를 사용하십시오.)

⑤ 찬양: 어떤 치유에 대해서든 하나님을 찬양하십시오. 더 많은 치유를 위해 1-5단계를 반복하십시오.

⑥ 지시: 그 사람에게 자신의 통증이나 상태가 아니라 하나님의 말씀에 초점을 맞춤으로써 치유를 믿는 방법을 가르치십시오. 예수님께 그들의 모든 상처를 드리도록 격려하십시오.

치유가 일어나지 않으면: 2단계로 계속 진행하십시오.

2단계: 트라우마를 풀어놓는 기도

① 묻기: "이 상태나 느낌을 언제 경험했는지 처음 기억했나요?"

1a. 만약 상태에 대한 기억/ 이유를 안다면..	1b. 만약 상태에 대한 기억/ 이유를 모른다면..
묻기: "무슨 일이 있었고, 그것이 당신을 어떻게 느끼게 했는지 설명해주세요." 2번으로 진행하십시오.	묻기/ 기도하기: "이 상태와 함께 사는 것에 대한 당신의 감정을 설명해주세요." 비슷한 감정을 만들어낸 어린 시절의 기억들을 떠올리도록 기도하십시오. 2번으로 진행하십시오.

② 묻기: 과거의 기억을 생각하며, 마음과 몸의 상태가 얼마나 아프게 느껴지는지 평가하십시오. (0-10 척도)

③ 지시: "기억 속에서 예수님[또는 다른 안전한 사람]이 당신과 가해자의 상황 사이에 서서 당신을 보호 또는 안아주거나[아래 5단계 '사랑의 포옹' 참조] 보호막 안에서 안아주는 것을 상상하세요."

④ 기도: 예수님의 이름으로, 감정적, 육체적, 시각, 청각, 그리

고 세포 기억 트라우마를 저주하십시오.

⑤ 기도: 예수님의 이름으로, 마음에, 정신에, 몸에 치유를 선포하십시오.

⑥ 묻기: 이제 당신의 마음과 몸의 상처가 어느 정도인지 평가하십시오. (0-10 통증 척도)

⑦ 찬양: 일어난 치유나 일어날 것으로 예상되는 치유에 대해 하나님을 찬양하십시오.

치유가 일어나지 않으면: 더 이른 트라우마 문제에 대해 검색을 확장하고('탐색 확장하기' 제12장 참조) 1-8을 반복하며, 5단계('사랑의 포옹'과 '사랑의 토닥임')를 사용할 수 있습니다.

치유가 일어났다면: 3단계와 4단계로 계속 진행할 수 있습니다.

⑧ 지시: 그 사람에게 자신의 상태가 아니라 하나님의 말씀에 초점을 맞춤으로써 치유를 믿는 방법을 가르치십시오. 그들의 모든 상처를 예수님께 드리도록 격려하십시오.

(1) 기도할 때 유용한 제안들

① 언제든지 더 빠르고 깊은 트라우마를 풀어놓기 위해, 2단계와 5단계('사랑의 포옹')를 동시에 사용하십시오.

② 기도 사역자는 눈을 뜨고, 고통받는 사람을 관찰해야 합니다.

③ 고통받는 사람은 내면의 치유에 집중하기 위해 눈을 감고 기도를 받아야 합니다. (또는 그 사람이 눈을 뜨고 있는 것이 더 안전하다고 느낀다면 그렇게 할 수 있습니다.)

④ 성령님께서 그분의 인도하심과 능력으로 함께 계심에 감사하십시오.

- 당신의 방법이 아니라 성령님의 인도하심을 신뢰하십시오.
- 이럴 때는 기도를 멈추십시오:

a) 그 사람이 치유되었을 때,

b) 그 사람이 멈추고 싶어 할 때,

c) 성령님께서 당신에게 멈추라고 말씀하실 때.

⑤ 한 번에 하나의 질병과 하나의 기억을 위해 기도하십시오. 단, 하나의 기도로 여러 기억들을 위해 기도하도록 인도받는 경우는 제외합니다.

⑥ 트라우마적 기억을 치유하는 동안, 다른 기억들이 고통받는 사람의 마음에 떠오른다면, 현재 기억의 문제를 치유한 후에 추가적인 기억들을 다룰 것이라고 그 사람에게 말하십시오.

(2) 기도 후의 유용한 제안들

① 치유가 일어나지 않으면, 그 사람이 믿음이 부족하거나 죄를 가지고 있다고 비난하지 마십시오. 검색을 확장하고 2단계와 5단계를 동시에 사용하며 계속 진행하십시오.

② 치유가 일어났다면, 3단계와 4단계로 계속 진행하십시오. "치유 유지하기"에 대한 지침을 복습하고 격려적인 성경 구절을 나누면서 치유 활동을 마치십시오.

③ 적절하다면, 그 사람에게 자신을 치유하신 예수님을 알고 싶은지 물어보십시오. 그가 예수님을 마음에 영접하도록 그와 함께 아래의 말씀을 읽고 기도하십시오.

"하나님이 세상을 이처럼 사랑하사 독생자를 주셨으니 이는 그를 믿는 자마다 멸망하지 않고 영생을 얻게 하려 하심이라"(요 3:16).

"모든 사람이 죄를 범하였으매 하나님의 영광에 이르지 못하더니"(롬 3:23).

"그러므로 이제 그리스도 예수 안에 있는 자에게는 결코 정죄함이 없나니"(롬 8:1).

"네가 만일 네 입으로 예수를 주로 시인하며 또 하나님께서 그를 죽은 자 가운데서 살리신 것을 네 마음에 믿으면 구원을 받으리라. 사람이 마음으로 믿어 의에 이르고 입으로 시인하여 구원에 이르느니라"(롬 10:9-10).

3단계: 가해자와 잘못된 책임감 풀어놓기

누군가가 다른 사람들에게 상처를 입거나 학대받았을 때, 그들은 죄책감, 수치심, 굴욕감, 후회, 자기 판단 등의 건강하지 않은 감정을 만들 수 있는 잘못된 책임감과 상처를 붙잡고 있을 수 있습니다.

"나는 나빠," "나는 항상 틀려," "나는 무력해," "나는 두려워," 또는 "나는 용서할 수 없어"와 같은 문구에 귀를 기울이십시오. 이러한 문제들을 붙잡고 있는 사람은 감정적인 속박에 갇혀 있을 것이고 그들의 신체적 치유는 막힐 것입니다. 누구도 다른 사람의 상처 주는 행동이나 말 때문에 고통받아서는 안 됩니다. 이 속박으로부터의 자유는 상처받은 사람이 어떠한 상처로부터든, 그리고 그 상처로 인해 발생하는 어떠한 잘못된 책임감을 떠맡는 것에서 자신을 언어적으로 풀어낼 때 달성됩니다.

(1) 지침들

고통받는 사람이 치유되었다고 "느낀 후"(또는 치유에 가까워진 후), 아래의 진술들을 반복하도록 요청하십시오. 각 상황에 따라 진술들을 추가, 삭제, 또는 변경할 수 있습니다.

기도 사역자는 고통받는 사람에게 "예수님 [또는 어떤 안전한 사람]이 당신과 가해자와 상황 사이에 서 있는 것을 상상하세요. 예수님 [또는 어떤 안전한 사람]이 당신을 보호하고 있는 상태에서, 가해자에게 말하듯이 이 말들을 큰 소리로 말하세요"라고 말하십시오.

* 당신이 나에게 한 일이 마음에 들지 않았어.
* 당신이 나에게 한 일은 불공평했어.
* 당신은 나를 (상처받고, 슬프고, 화나고, 무력하게, 등) 느끼게 했어.
* 나는 이제 선택권이 있다는 것을 깨달았어.
* 나는 상처와 고통의 감정들을 예수님께 드리기로 선택했어.
* 이 감정들을 짊어지는 것은 나의 책임이 아니야.
* 나는 이 감정들이 나에 대한 권위를 갖지 못하도록 선택했어.
* 나는 당신이 나에게 한 일을 예수님께 드리기로 결정했어. 당신은 내 감정에 대한 권위가 없어.
* 나는 당신을 용서하기로 선택해. 그래서 당신은 더 이상 내 삶에 대한 통제권이 없어.
* 나는 이 상황에 대해 잘못된 책임을 떠맡았던 것을 회개했어.
* 나는 당신이나 이 상황을 고치려고 노력하는 것을 놓아주기로 선택했어.
* 나는 당신이 나를 사랑하는 방법을 몰랐다는 것을 깨달았어.
* 그것은 내 잘못이 아니야.

"하늘에 계신 아버지, 저는 주님의 사랑을 받기로 선택합니다. 하늘에 계신 아버지, 저의 (부모님)이 할 수 없었던 방식으로 주님의 사랑으로 제 마음을 채워주세요. 예수님, 저에게 자유와 치유를 주심에 감사합니다. 예수님의 이름으로 기도합니다."

4단계: 기억 치유의 완료 판단하기

고통받는 사람이 과거의 트라우마 기억에서 치유되었다고 "느낄 때," 그리고 사역 활동을 멈추거나 다른 기억으로 넘어가기 전에, 이 기법을 사용하여 건강하지 않은 감정이 완전히 풀어놓아졌고 기억이 완전히 치유되었는지 판단하십시오.

(1) 지침들

① 각 과거 기억의 치유 후에, 그 기억 속의 어린 시절 자신의 이미지를 떠올리게 하십시오.

② 기도 사역자는 이렇게 물어야 합니다. "이제 그 기억이 치유되었다고 느끼니, 그 기억 속의 당신의 어린 이미지에 대해 생각할 때, 당신의 얼굴에서 무엇을 보나요? 미소, 찡그림, 아니면 무표정?"

- a. 만약 미소라면: 그 사람에게 물으십시오. "그 과거 기억 속의 당신 자신을 생각할 때, '그 상황은 끝났고 나는 이제 그 기억 속에서 안전하다고 느낄 수 있어'라는 진술이 사실이라고 믿나요, 거짓이라고 믿나요?
- 만약 그들이 그 진술이 사실이라고 말하면, 그들의 치유에 대해 예수님께 감사하게 하십시오. 이 사역 활동을 끝내거나 다른 기억을 치유하는 활동을 계속할 수 있습니다.
- 만약 그들이 그 진술이 거짓이라고 말하면, 아래 3번으로 계속 진행하십시오.
- b. 만약 찡그림이나 무표정이라면: 그 기억 속에서 여전히 무엇을 느끼고 있는지 물으십시오. 아래 3번으로 계속 진행하십시오.

③ 2단계의 1-7을 반복하십시오. '5단계: 트라우마를 풀어놓는 사랑의 포옹'과 트라우마를 풀어놓은 기도를 하십시오.

④ 기도한 후 트라우마가 치유되거나 감소되었다고 여겨지면,

그 사람이 자신의 어린 시절 이미지가 미소 짓는 것을 상상하고 그 과거 기억 속에서 안전하다고 느낄 때까지 위의 1-3 단계를 반복하십시오.

만약 여러 번 기도한 후에도 그 사람이 여전히 미소를 상상할 수 없다면, 비슷한 감정을 가진 이전 기억으로 검색을 확장하고('치유가 일어나지 않을 때 검색 확장하기' 12장 참조), 이 섹션의 1-3단계를 반복하십시오.

(2) 유용한 제안

고통받는 사람이 과거의 트라우마 때문에 자신의 어린 시절 이미지가 미소 지을 수 있다고 믿지 않더라도, 위에 설명된 단계를 계속 진행하고, 하나님이 모든 것을 치유하고 그들의 얼굴에 미소를 가져올 수 있다는 사실을 믿으십시오. 하나님은 아무도 찡그리거나 슬픔 속에서 살기를 원하시지 않습니다.

5단계: 사랑의 포옹 — 혼/영 풀어놓기 및 회복을 위한 세 가지 방법

우리는 치유 사역할 때, 감정적으로 갇히고 멍하고 공허하며 감정이나 기억을 식별하거나 풀어낼 수 없는 사람들을 위해, 마음과 몸 사이의 연결이 끊어졌다고 느끼는 사람들을 위해, 하나님의 음성을 듣지 못하고 그분과 연결이 끊어졌다고 느끼는 사람들을 위해, 그리고 하나님으로부터 사랑을 느낄 수 없는 사람들을 위해 기도하게 될 것입니다. 이 모든 문제는 혼, 몸, 영의 연결을 방해하고, 이는 하나님으로부터 듣고 느끼고 감지하는 능력을 막습니다. 그것은 치유할 능력이나 다른 사람들을 치유할 권위에 대한 믿음을 막습니다. 만약 치유가 진행되지 않거나 전혀 일어나지 않는다면, 이것은 고통받는 사람과 기도 사역자 모두에게 낙담스러운 시간이 될 수 있습니다.

내가 이전에 설명했듯이, 막힌 감정과 기억들은 보편적으로 사람이 트라우마적인 사건을 가지고 있는 동안 불안하다고 느꼈다는 것을 나타내며, 이는 그들이 그 사건에서 감정과 기억을 차단하게 만듭니다. 결과적으로, 그들은 내면의 치유를 위해 누구도(하나님을 포함하여) 그 사건에 접근하도록 허용하지 않을 것입니다. 모든 사람은 위로와 안전을 갈망하므로, 위로를 얻는 가장 좋은 방법은 사랑받는 행위를 통해서입니다. 따라서, 사역 시간 동안, 고통받는 사람이 원래의 트라우마를 풀어내는 것이 안전하다고 느끼도록, 그들이 예수님 또는 안전한 사람의 보호를 받는다고 느끼는 기억을 재현하는 것이 중요합니다. 고통받는 사람이 더 안전하다고 느낄수록, 억눌린 감정의 기억을 드러내고 풀어놓기 위해 장벽을 돌파할 잠재력이 더 커집니다.

고통받는 사람이 안전하다고 느끼는 좋은 방법 중 하나는 실제로 사랑과 위로의 느낌을 경험하는 것입니다. 이것은 간단한 방법인 '사랑의 포옹'을 통해 달성되며, 이는 사람들이 깊은 트라우마를 드러내고 풀어놓아 혼, 몸, 영의 회복을 위한 중요한 경로를 복원하는 데 도움을 주는 방법이고 이는 입증되고 효과적인 것입니다.

'사랑의 포옹'이 다음과 같은 방식으로 치유를 돕는 방법을 설명하고자 합니다. 감정적으로 화가 난 사람이나 우는 아기를 어떻게 위로할지 생각해보십시오. 누군가를 위로하는 좋은 방법 중 하나는 그들에게 팔을 두르고 부드럽게 등을 토닥여주면서 "모든 것이 잘 될 거야" 또는 "울어도 괜찮아. 잘 해결될 거야"와 같은 안심시키는 말을 차분하게 하는 것입니다.

이 간단한 신체적 접촉 행위는 신경을 진정시키고 마음과 몸에 평온함을 가져다줍니다. 우리는 신체적 접촉이 뇌를 자극하여 세로토닌, 엔도르핀 및 다른 자연적인 통증 억제제와 같은 "기분을 좋게 하는" 화학 물질을 생성하여 뇌와 몸을 자연적으로 진정시킨다는 것을 알고 있습니다. 예를 들어, 누군가를 안아주고 부드럽게 등을 토닥여주면, 이는 감각 신경 말단을 자극하여 안전, 위로, 사랑의 느낌을 높입니다. 신생아는 사랑이라는 생물학적 필요 때문에 포옹이 필요합니다. 포옹과 사랑의 느낌 없이는 아기는 죽을 것입니다.[1] 과거의 트라우마로 인해 감정적으로 차단된 사람들의 치유를 위한 장벽을 허물려면, 그들이 받기를 갈망했던 위로, 사랑, 안전을 경험하도록 도와야 합니다. 이것이 바로 부모의 부드러운 손길, 포옹, 긍정적인 말들이 무릎이 다친 아이를 빠르게 기분 좋게 만들 수 있는 이유입니다.

(1) 사랑의 포옹(또한 사랑의 토닥임) 사용하기

사랑의 포옹은 고통받는 사람이 단순히 가슴 위로 팔을 교차하고, 팔/이두박근에 손을 얹은 채 예수님(또는 다른 안전하고 신뢰하는 사람)이 그들을 안아주는 것을 상상하게 함으로써 사용될 수 있습니다. 동시에, 고통받는 사람은 예수님이 부드럽게 안심시키는 토닥임을 주는

---

1) 토마스 벌니 박사 & 존 켈리, *The Secret Life of the Unborn Child*(New York: Dell Publishing, 1981), 152.

것을 상상하며 자신의 팔/이두박근을 한 손씩 번갈아 부드럽게 토닥여 "사랑의 토닥임"을 받을 수 있습니다. (또는 기도 사역자가 각 어깨에 손을 얹고 부드럽게 사랑의 토닥임을 줄 수 있습니다.)

고통받는 사람이 '사랑의 포옹'을 사용하는 모습

우리가 성취해야 할 것에 가장 잘 맞는 사랑의 포옹 방법 중 하나 이상을 사용하십시오: ① 트라우마 풀어내기, ② 위로 받기, ③ 마음과 몸의 연결 복원하기.

(2) 트라우마를 풀어놓는 사랑의 포옹

목적:

사람들이 갇히고, 멍하고, 공허하고, 혼란스러워하고, 감정과 기억과 생각을 식별할 수 없고, 다른 사람이나 하나님으로부터 사랑을 느낄 수 없고, 일반적으로 부정적인 생각과 감정을 가질 때 사용됩니다.

설명:

당신의 마음은 깨어 있는 시간 동안 정보를 받아들이고 자는 동안 그 정보를 분류하도록 만들어졌습니다. 마음은 자동으로 좋은 것을 분류하고 좋지 않은 것을 풀어놓아 정보를 처리할 것입니다. 우리가 마음에서 건강하지 않은 것들을 풀어놓도록 창조된 한 가지 방법은 꿈꾸는 과정을 통해서입니다. 놀랍게도, 만약 우리가 트라우마적인 감정과 기억을 스스로 풀어놓지 못하면, 우리의 뇌는 꿈꾸는 과정 동안 자동으로 그것을 풀어놓으려고 할 것입니다. 꿈의 주요 목적 중 하나는 감정의 혼란을 조절하고 줄이며, 문제를 일으키는 것들을 규제하는 것입니다.[2] 이것이 바로 우리가 원치 않는 트라우마를 풀어놓는 방법으로 악몽이나 트라우마적인 꿈을 경험할 수 있는 이유입니다.

꿈은 주로 뇌 활동이 높고 깨어 있는 상태와 유사한 렘(REM) 수면 단계(수면의 한 단계로, 꿈을 많이 꾸고 뇌가 활발하게 활동하는 시기-기억력 향상, 집중력 개선, 감정 안정, 스트레스 조절, 창의력 증가)에서 발생합니다. 우리의 눈은 뇌의 오른쪽과 왼쪽을 통합하기 위해 빠르게 앞뒤로 움직여, 낮 동안의 걱정거리를 분류하고 풀어놓습니다. 뇌의 오른쪽은 감정을 처리하고 왼쪽은 기억을 처리합니다. 뇌의 양쪽은 정보를 처리하고, 균형 잡힌 결정을 내리고, 일상적인 경험에서 감정과 기억을 유지하거나 풀어놓는데 데 중요합니다.

하나님은 꿈꾸는 동안 렘(REM) 과정을 창조하셔서 우리의 마음이 원치 않는 감정과 기억을 풀어놓고 정화되도록 보장함으로써 건강

---

2) "The Science of Sleep: Regulating Emotions and the Twenty-Four Hour Mind," *Farnam Street*, https://fs.blog/2017/03/twenty-four-hour-mind-rosalindcartwright/ (2018.6.25. 접속).

하지 않은 것을 방지하셨습니다. 그러나 우리가 꿈을 말로 표현하여 세부 사항을 설명하고 그와 관련된 감정을 식별하고 풀어놓지 않는 한, 정화는 완전히 작동하지 않습니다. 예를 들어, 반복되는 부정적인 꿈이나 악몽은 우리가 불안감을 느끼고 있거나 또는 마음이 원치 않는 감정과 기억을 풀어내는 데 실패했다는 증거일 수 있습니다.

좋은 소식은, 우리가 사랑의 포옹을 사용하여 고통받는 사람에게 보호와 사랑의 느낌을 확립하여 하나님이 의도하신 방식으로 막힌 감정과 기억을 풀어낼 만큼 충분히 안전하다고 느끼게 도울 수 있다는 것입니다. 또한, 우리의 팔/이두박근을 한 손씩 번갈아 부드럽게 토닥이는 "사랑의 토닥임"을 사용할 때, 우리는 하나님께서 원치 않거나 막힌 감정과 기억을 자연적인 치유 과정 동안 풀어놓도록 마음 안에서 기능하도록 창조하신 동일한 양측성 운동을 사용하고 있는 것입니다. 우리는 더 깊고 더 빠른 감정과 기억의 영구적인 풀어놓음을 촉진하기 위해 기도하거나 사역에서 이야기할 때 언제든지 사랑의 포옹과 사랑의 토닥임을 사용할 수 있습니다. 결과는 그 사람이 더 나아지기를 "느끼려는" 의지와 다른 사람으로부터 도움이나 사랑을 신뢰하고 받아들이는 수용성에 따라 달라질 수 있습니다.

사랑의 포옹 지침들:

이 장에 있는 다른 단계나 기도와 동시에 사랑의 포옹(또한 사랑의 토닥임) 기법을 사용하십시오.

기도 사역자는 고통받는 사람을 위해 기법을 시연하면서 말할 수 있습니다.

① 가슴 위로 팔을 교차하고, 팔이나 이두박근에 손을 얹은 채

예수님[또는 다른 안전한 사람]이 당신을 안아주는 것을 생각하며 사랑의 포옹을 할 수 있습니다. (위의 사랑의 포옹 그림 참조.)

② 한 손으로 번갈아 당신의 팔이나 이두박근을 부드럽게 토닥이며 사랑의 토닥임을 계속하세요. 예수님[또는 다른 안전한 사람]이 당신이 얼마나 사랑받는지 알려주는 '사랑의 토닥임'을 주는 것을 생각하며 말이죠. 각 손으로 팔을 번갈아 토닥일 것입니다. 즉, 오른손, 왼손, 오른손, 왼손, 이렇게 번갈아 토닥이세요. 편안한 심박수 속도의 두 배로 부드럽게 토닥이세요. (또는 기도 사역자가 각 어깨에 손을 얹고 부드럽게 사랑의 토닥임을 줄 수 있습니다.)

선택적 말:

"이 사랑의 토닥임은 마음이 원치 않거나 막힌 감정의 기억을 분류하고 풀어놓는 데 도움이 되도록 하나님이 창조하신 동일한 생물학적 기능을 자연스럽게 촉진합니다. 이것은 마음과 몸에 해방, 평온함, 그리고 치유의 느낌을 격려할 것입니다."

제안:

① 고통받는 사람이 부드럽게 토닥이는 동안, 기도 사역자는 "감정을 예수님[또는 다른 안전한 사람]께 넘기는 것을 보세요," "이것은 오래된 감정입니다. 이제 풀어놓는 것이 안전합니다," "이것을 겪거나 이렇게 느끼는 것은 결코 하나님의 계획이 아니었습니다"와 같은 격려의 말을 할 수 있습니다.

② 고통받는 사람이 두려워하거나, 불안해하거나, 더 많은 위로가 필요하다면, 그들은 사랑의 포옹을 하는 과정 동안 예수님이나 안전한 사람과 함께 보호막 안에 서 있는 자신을 상상할 수 있습니다.

③ 고통받는 사람의 감정이 더 강해지면, 그들이 말하기, 눈물, 흐느낌, 소리 지르기, 또는 감정을 풀어내는 데 필요한 어떤 것을 통해 그들의 상처를 풀어놓을 때 계속해서 안심시키십시오. 만약 그가 감당할 수 없을 만큼 더 많은 감정을 경험한다면, 그는 토닥이는 것을 멈추고, 눈을 뜨거나 감은 채 예수님(또는 다른 안전한 사람)이 그를 위로하는 것을 상상할 수 있습니다. 위로하는 기도로 그를 격려하고, 이 과정을 통해 많은 양의 고통을 풀어놓아지는 것이 정상적이라고 안심시키십시오. 필요하다면, 감정적 트라우마를 풀어놓는 데 경험이 있는 기도 사역자나 상담 전문가를 찾도록 그들을 초대하십시오.

(3) 위로와 계시의 사랑의 포옹

목적:

① 마음과 몸에 평화와 평온함을 증가시키기 위함.
② 자신감과 하나님으로부터의 사랑의 느낌을 증가시키기 위함.
③ 성령님과의 더 깊은 연결을 듣거나 감지하기 위함.
④ 더 많은 인도하심, 방향, 안심, 경건한 계시, 통찰, 그리고 사랑을 받기 위함.
⑤ 치유 여정과 하나님과의 관계를 개선하기 위해 사용됩니다.

설명:

위로의 포옹, 등을 토닥이는 것, 또는 긍정적인 말을 거의 받지 못하는 사람들이 많습니다. 고통받는 사람이 회복 과정의 일부로서 예수님(또는 다른 안전한 사람)이 그들을 안아주는 것을 상상하며 사랑의 포옹을 하게 하고, 기도 사역자는 안심시키는 위로의 말을 하도록 요청하십시오. 당신의 팔, 이두박근을 한 손씩 더 느린 속도로 부드럽게 토닥이는 "사랑의 토닥임"을 사용할 때, 감각 신경 말단이 자극되어 심장과 마음의 회복 동안 필요할 수 있는 경청뿐만 아니라 안심, 위로, 그리고 사랑의 느낌을 높입니다. 사랑의 토닥임과 함께하는 위로와 계시로서의 사랑의 포옹은 그들이 이전에 결코 느껴보지 못했을지도 모르는 하늘 아버지로부터의 사랑의 느낌을 증가시킬 수 있습니다. 그것은 긍정과 격려를 위한 놀라운 단계입니다. 결과는 그 사람이 더 나아지기를 "느끼려는" 의지와 다른 사람으로부터 도움이나 사랑을 신뢰하고 받아들이는 수용성에 따라 달라질 수 있습니다.

지침:

트라우마를 풀어낸 후 위에 언급된 목적들을 촉진하기 위해 사랑의 포옹과 사랑의 토닥임을 사용하십시오.

기도 사역자는 고통받는 사람을 위해 기법을 시연하면서 말할 수 있습니다.

① "가슴 위로 팔을 교차하고, 팔이나 이두박근에 손을 얹은 채 예수님[또는 다른 안전한 사람]이 자신을 안아주는 것을 생각하며 사랑의 포옹을 할 수 있습니다." (사랑의 포옹 그림 참조.)

② "한 손으로 번갈아 팔이나 이두박근을 부드럽게 토닥이며 사랑의 토닥임을 계속하세요. 예수님 [또는 다른 안전한 사람]이 얼마나 사랑하는지 알려주는 '사랑의 토닥임'을 주는 것을 생각하며 말이죠. 당신은 각 손으로 팔을 번갈아 토닥일 것입니다, 즉, 오른손, 왼손, 오른손, 왼손을 번갈아 편안한 심박수 속도로 부드럽게 토닥이세요." (또는 기도 사역자가 각 어깨에 손을 얹고 부드럽게 사랑의 토닥임을 해줄 수

있습니다.)

선택적 말:

"이 사랑의 토닥임은 마음이 평화, 자신감, 사랑, 계시, 방향, 그리고 안심의 느낌을 받도록 돕기 위해 하나님이 창조하신 동일한 생물학적 기능을 자연스럽게 촉진합니다."

제안:

① 고통받는 사람이 부드럽게 토닥이는 동안, 기도 사역자는 그들의 어깨에 손을 얹고 "예수님은 당신과 함께 계십니다," "이제 당신은 안전합니다," "당신은 사랑받습니다"와 같은 격려의 말을 할 수 있습니다.

② 이 단계를 기도하거나, 이야기하거나, 긍정적인 기억을 할 때, 또는 아버지나 어머니의 축복 기도를 할 때 사용하십시오. 이것들은 이 장의 "추가적인 기도들"에 나열되어 있습니다.

③ 필요할 때마다(또는 기억이 깨끗해진 후), 그 사람이 이 사랑의 포옹을 사용하고 성령님께 더 많은 인도하심, 경건한 계시와 통찰, 사랑, 또는 그들의 치유 여정과 하나님과의 관계를 개선하기 위해 필요한 것이 무엇이든 요청하는 선택권을 가질 수 있습니다.

(4) 마음과 몸의 연결 회복을 위한 사랑의 포옹

목적:

고통받는 사람이 마음과 몸 사이의 연결이 끊어졌다고 느끼거나 하나님과 연결이 끊어졌다고 느낄 때 사용됩니다. 또한 해리 증상(트라우마로 인한 감정을 신체로부터 분리하는 것), 머리 외상, 그리고 정신적, 감정적 차단 및 마음과 몸과 영의 연결이 끊김과 관련된 상태들의 치유를 향한 마음과 몸의 통합을 촉진하기 위해 사용될 수 있습니다.

설명:

마음은 급성 감정적 또는 신체적 트라우마의 결과로 자신을 보호하는 방법으로 자동으로 자신을 분리하거나 차단할 것입니다(머리와 뇌 손상 포함). 마음과 몸의 반응은 또한 의학적 또는 감정적 문제의 결과로 마음과 몸의 해리를 포함할 수 있습니다. 한 손씩 팔이나 이두박근을 부드럽게 양측성으로 움직이는 사랑의 토닥임 움직임은 뇌의 양쪽을 통합하여 마음과 몸의 연결을 잠재적으로 다시 도입하는데 도움을 줄 수 있습니다. 내가 이전에 언급했듯이, 신체적 접촉과 부드러운 토닥임은 감각 신경 말단을 증가시키고 생각과 느낌을 높입니다. 이 과정은 감정이 없는 사람들이 감정을 식별하기 시작하고, 해리 증상을 감소시키며, 마음과 몸의 통합과 조화를 촉진하는 데 성공적이었습니다. 결과는 그 사람이 더 나아지기를 "느끼려는" 의지와 다른 사람으로부터 도움을 신뢰하고 받아들이는 수용성에 따라 달라질 수 있습니다.

지침:

아래의 기도들 및 또는 치유 사역 동안과 후에 위에 언급된 목적들을 촉진하기 위해 사랑의 포옹(또한 사랑의 토닥임)을 사용하십시오.

기도 사역자는 고통받는 사람을 위해 기법을 시연하면서 말할 수 있습니다.

① "가슴 위로 팔을 교차하고, 팔이나 이두박근에 손을 얹은 채 예수님[또는 다른 안전한 사람]이 당신을 안아주는 것을 생각하며 사랑의 포옹을 할 수 있습니다." (사랑의 포옹 그림 참조.)

② "한 손으로 번갈아 당신의 팔이나 이두박근을 부드럽게 토닥이며 사랑의 토닥임을 계속하세요. 예수님[또는 다른 안전한 사람]이 당신이 얼마나 사랑받는지 알려주는 '사랑의 토닥임'을 주는 것을 생각하며 말이죠. 당신은 각 손으로 팔을 번갈아 토닥일 것입니다. 즉, 오른손, 왼손, 오른손, 왼손을 번갈아 편안한 심박수 속도로 부드럽게 토닥이세요." (또는 기도 사역자가 각 어깨에 손을 얹고 부드럽게 사랑의 토닥임을 줄 수 있습니다.)

선택적 말:

"이 사랑의 토닥임은 마음과 몸의 연결, 통합, 그리고 치유를 위해 뇌의 양쪽의 잠재적 통합을 돕도록 하나님이 창조하신 동일한 생물학적 기능을 자연스럽게 촉진합니다."

제안:

아래의 기도들을 사용하면서 조용히 앉아 있을 때 마음과 몸의 연결을 위한 사랑의 포옹(또한 사랑의 토닥임)을 사용하십시오. 성령님께 더 많은 계시, 치유, 통합, 또는 당신의 마음과 몸의 치유를 위해 필요한 다른 것을 요청하십시오.

(5) 마음과 몸의 연결 회복 기도

이 기도는 상태나 상황에 맞게 수정될 수 있습니다. 고통받는 사람에게 이 기도를 반복하게 하십시오.

"예수님의 이름으로, 저는 제 마음에 해를 끼친 ㅇㅇ 상처를 저주합니다. 저는 이 부상에 대한 저의 부분에 대해 저 자신을 용서하고, 제 부상에 책임이 있는 다른 사람들을 용서합니다. 저는 이런 상처나 진단의 어떤 부분도 받아들인 것을 회개합니다. 저는 이 부상과 관련된 모든 증상과 합병증뿐만 아니라 모든 감정적, 육체적, 또는 세포 기억 트라우마를 저주합니다. 예수님의 이름으로 기도합니다. 아멘."

기도 사역자는 아래와 같이 기도할 수 있습니다.

"예수님의 이름으로, 저는 고통받는 ㅇㅇㅇ의 마음과 몸 사이의 연결이 끊김과 그리고 이 불화를 일으키는 모든 감정적, 정신적, 의학적, 또는 신체적 기능 장애를 저주합니다. 예수님의 이름으로, 저는 ㅇㅇㅇ의 마음과 몸의 모든 세포에 있는 전기적, 화학적, 자기적, 호르몬적, 그리고 신경학적 주파수가 조화롭고 균형을 이루도록 명령합니다. 예수님의 이름으로, 저는 ㅇㅇㅇ의 마음과 몸이 하나님이 의도하신 대로 치유되고, 통합되고, 연합하여 기능하도록 명령합니다. 예수님의 이름으로, 저는 ㅇㅇㅇ의 이름이 하나님의 생명, 빛, 사랑, 그리고 평화의 영을 받도록 선포합니다. 저는 예수님의 피가 그들의 마음과 몸에 치유와 온전함을 가져오도록 기도합니다. 예수님, 치유해 주셔서 감사합니다. 예수님의 이름으로 기도합니다. 아멘."

6단계: 추가 기도

(1) 주의력 결핍 장애, 양극성 장애, 난독증 및 기타 출생 전 유래 상태

건강하지 않은 마음과 몸의 상태는 자궁 내 발달 단계 동안 화학적, 감정적, 호르몬적, 그리고 환경적 요인들이 태아에 영향을 미칠 때 시작될 수 있습니다. (특정 상태와 감정을 찾으려면 제15장 참조.) 또한, 치유 기도 중에 자궁의 이미지 또는 자궁에서 유래한 상태에 대한 계시가 당신의 주의를 끌게 된다면, 다음 기도가 도움이 될 수 있습니다. 이 기도는 마음과 몸을 회복시키는 데 사용될 수 있으며, 상태나 상황에 맞게 수정될 수 있습니다.

지침:

① 고통받는 사람에게 눈을 감고, 0-10 척도로 그들의 마음이 얼마나 슬프고, 광분하고, 질주하고, 압도되고, 불균형하게 느껴지는지 평가하도록 요청하십시오.(0은 완전한 건강, 10은 극심한 고통.)

② 그 사람이 자신의 배에 손을 얹도록 요청하십시오.

③ 그 사람이 자궁 속에 있는 자신을 상상하고, 예수님이 그에게 손을 얹는 것을 상상하게 하십시오. 기도 사역자는 그 사람의 머리와 허리에 손을 얹을 수 있습니다. (손을 얹기 전에 항상 허락을 구하십시오.)

(2) 고통받는 사람에게 당신을 따라 반복하도록 요청하십시오.

"예수님의 이름으로, 저는 제 어머니의 자궁을 통해 이전 세대에서 저에게 전달된 ㅇㅇ 상처를 저주합니다. 저는 어머니, 아버지, 그리고 그들 이전의 세대들이 ㅇㅇ 상처를 전달한 것에 대해 용서합니다. 저는 이 상태를 거부하고 더는 제 삶의 일부가 되도록 허락하거나 인정하지 않습니다. 저는 이 상태나 저에게 주어진 진단의 어떤 부분이라도 받아들인 것을 회개합니다. 예수님의 이름으로, 저는 이 진단과 관련된 모든 증상이나 합병증을 저주합니다. 저는 예수님을 제 마음에 영접하고, 주님의 생명, 사랑, 평화, 온전함, 그리고 제 마음과 몸의 회복을 받아들입니다. 예수님, 저를 치유하심에 감사합니다. 예수님의 이름으로 기도합니다. 아멘. ”

이 간단한 기도는 아이나 성인에 의해 언제든지 반복될 수 있습니다.

> "어머니, 아버지로부터 나에게 유전된, 하나님으로부터 온 것이 아닌 ㅇㅇ 질병에 대해 용서합니다. 저는 제 마음이나 몸은 이 질병을 받아들이지 않습니다. 하나님, 제 건강을 하늘에서와 같이 회복시켜 주셔서 감사합니다. 예수님의 이름으로 기도합니다. 아멘."

(3) 다음으로, 기도 사역자는 고통받는 사람에게 이 기도를 할 수 있습니다.

> "예수님의 이름으로, 저는 ㅇㅇ 상처를 거부하고 더 이상 권위를 주지 않습니다. 예수님의 이름으로, 저는 자궁 내 트라우마를 저주합니다.
> 마음과 몸의 모든 세포에 있는 전기적, 화학적, 자기적, 호르몬적, 그리고 신경학적 주파수가 하늘에서와 같이 적절한 통합과 극성을 가지고 정렬되고 균형을 이루도록 명령합니다.
> 예수님의 이름으로, 저는 마음과 몸에 평화와 건강한 기능을 선포합니다.
> 예수님, 치유하심에 감사합니다. 예수님의 이름으로 기도합니다. 아멘."

(4) 고통받는 사람에게 눈을 감고, 0-10 척도로 그들의 마음이 얼마나 슬프고, 광분하고, 질주하고, 압도되고, 불균형하게 느껴지는지 평가하도록 요청하십시오. (0은 완전한 건강, 10은 극심한 고통.) **숫자가 감소함에 따라, 마음이 0에 도달하거나 가능한 한 가까워질 때까지 위의 1-6번을 반복하십시오.**

제15장에 있는 상태 정보를 검토하고, 원치 않는 감정적 연결을 풀어내고 기능 회복을 위해 기도하십시오. 예를 들어, 주의력 결핍장애/주의력결핍과잉행동장애(ADD/ADHD) 상태의 경우, 고통받는 사람은 자궁 내에서 그들을 불안하게 만든 어머니를 용서할 수 있습니다(또는 어린 시절에 만들어진 불안에 대해 어머니와 아버지를 용서할 수 있습니다). 그들은 평화로운 마음과 부신샘이 하늘에서와 같이 정상적으로 기능하도록 회복되도록 기도할 수 있습니다.

만약 숫자가 감소하지 않거나 마음이 최소한으로 개선된다면, 그리고 기도 시도 몇 번 후에도 마음 상태가 변하지 않는다면, 이것은 그 상태가 해결되지 않은 트라우마적 감정(예: 두려움, 슬픔, 상처, 슬픔, 부담감, 학대 등)을 가진 과거 또는 현재의 학대적, 혼란스러운, 또는 압도적인 상황에서 유래했다는 것을 나타냅니다.

① 트라우마로부터 증상 풀어놓기

* 고통받는 사람에게 그가 겪었거나 현재 겪고 있는 트라우마, 상처, 걱정, 또는 극심한 짐에 대한 더 많은 정보를 요청하십시오. 제10장 2단계: 트라우마를 풀어놓는 기도를 사용하여 기도하십시오.

* 치유 기도 후에, 고통받는 사람에게 눈을 감고, 0-10 척도로 그의 마음이 얼마나 슬프고, 광분하고, 질주하고, 압도되고, 불균형하게 느껴지는지 평가하도록 요청하십시오. 숫자가 감소함에 따라, 그들이 마음을 0에 도달하거나 가능한 한 가까워질 때까지 위에 언급된 1-6번을 반복하십시오.

② 암 또는 기타 질병

고통받는 사람은 기도 사역자를 따라 다음의 기도문을 읽거나 반복할 수 있습니다.

"예수님의 이름으로, 저는 저에게 진단한 ㅇㅇ질병을 저주하고 질병의 씨앗, 질병의 영, 쓴뿌리를 내쫓으며, 이 질병을 옮긴 모든 세대적인 영이나 쓴뿌리를 저주합니다. 저는 이 진단을 받아들인 것을 회개하고, 진단을 내린 의료 전문가들을 용서합니다. 저는 이 상태와 관련된 어떤 원인에 대해서든 제 부모와 그들 이전의 세대들을 용서합니다. 예수님의 이름으로, 저는 과거와 현재로부터 이 상태에 이르게 한 사망, 두려움, 거절, 버려짐, 또는 다른 감정적, 육체적 트라우마의 영을 저주합니다.
예수님의 이름으로, 저는 이 질병으로 영향을 받은 모든 장기, 뼈, 조직이 건강한 기능으로 회복되도록 명령하고, 마음과 몸의 모든 세포에 있는 전기적, 화학적, 자기적, 호르몬적, 신경학적 주파수가 조화롭고 균형을 이루도록 명령합니다. 예수님의 이름으로, 저는 몸에 있는 비정상 프리온(prion=병원성 단백질)를 저주하고, 제가 치유되었다는 믿음으로 살아가면서 영향을 받은 모든 부위의 건강한 세포가 정상적인 기능으로 회복되도록 선포합니다. 예수님의 이름으로, 저는 제 몸과 마음에 생명, 사랑, 수용, 평화, 하나님의 빛, 그리고 제 마음과 몸의 완전한 회복이 정상적으로 기능하도록 선포합니다. 예수님, 저를 치유하심에 감사합니다. 예수님의 이름으로 기도합니다. 아멘."

③ 하늘에 계신 아버지의 축복

기도 사역자는 고통받는 사람의 머리에 손을 얹고 이 축복 기도를 할 수 있습니다. 이 기도는 특정 상황이나 조건에 맞게 수정할 수 있습니다.

"하늘 아버지는 우리에게 이렇게 말씀하고 싶어 하십니다. '나는 너를 보고 있고, 너를 매우 자랑스럽게 생각한단다. 나는 너를 매우 귀하게 여기고, 언제나 너를 믿는다.
네가 어떤 일을 했든 상관없이 나는 항상 너를 사랑한다. 이것이 내가 너에 대해 진정으로 느끼는 감정이란다.
나는 너를 정죄하지 않는다.
나는 너의 삶에 나의 은혜를 부어주고 네가 잃어버린 것을 돌려주고 싶단다.
나는 너에게 큰 축복을 선언하고, 네가 인생에서 성장하고 성공하는 것을 기대한단다.
나는 네가 나를 신뢰하고, 내가 너에게 주고 싶은 인도와 사랑을 위해 나를 바라보기를 원한다.
나는 너를 사랑한다. 나는 너의 하늘 아빠란다."

④ 영적 전쟁 기도

고통받는 사람에게서 갑작스러운 어둠, 비정상적인 두려움, 물체의 움직임, 그림자, 또는 이상하고 격렬한 행동이 보이거나 느껴지거나 감지될 때 기도 사역자는 이 기도를 할 수 있습니다.

"예수님 안에서 제가 가진 권위로, 저는 이 [어둠, 억압 등]의 영이 결박되고 사라지라고 명령합니다. 저는 ㅇㅇㅇ 위에 예수님의 피를 뿌리고, 예수님의 이름으로 그들의 마음과 몸에 평화를 선언합니다. 예수님, 우리를 보호하심에 감사합니다. 예수님의 이름으로 기도합니다. 아멘."

⑤ 세대적인 상태와 저주 풀어놓기

이 기도는 부모 및 직계 가족으로부터 유전된 의학적 상태, 정신 질환, 자살, 또는 오컬트 및 다른 마귀적인 활동과 관련된 문제를 다룹니다. 기도 사역자가 이 기도를 하거나, 고통받는 사람이 직접 반복할 수도 있습니다.

"예수님의 이름으로, 저는 저와 제 이전 세대들 사이에 예수님의 피를 뿌리노라. 고 선포합니다.
예수님의 이름으로 저는 모든 어둠의 일들을 포기하고, [마귀적인 것들의 이름]이 저를 괴롭힐 모든 권리를 제거하노라. 고 선포합니다.
예수님의 이름으로 저는 이 세대적인 문제나 원인이 더 이상 제 삶에 들어올 권위를 거부하고 포기하노라. 고 선포합니다.
예수님의 이름으로 저는 이전 세대들을 용서하고, 예수님의 피가 제 마음과 몸을 정결하게 하며, 그 세대의 의로운 유산과 복이 저에게 오기를 간구합니다.
예수님, 저에게 자유를 주심에 감사합니다.
예수님의 이름으로 기도합니다."

* 책 말미에 있는 부록에는 치유 기도 단계, 사랑의 포옹 단계 그리고 추가 기도들이 상세한 설명 없이 나열되어 있습니다. 우리가 어디를 가든지 기도하고 사역할 때 쉽게 복사하거나 전자책 리더기에 업로드하여 사용할 수 있습니다.

제11장

치유의 돌파구를 마련하기 위한 실용적인 조언

1. 과거 기억을 떠올리지 못하는 사람에게 해줄 수 있는 것

누군가에게 과거의 기억이나 감정을 떠올려보라고 요청했을 때, 과거의 일부 또는 전체를 기억하지 못하는 경우가 있습니다. 이전에 언급했듯이, 누군가가 극도로 건강하지 못한 감정(트라우마)을 경험할 때, 마음은 모든 정보를 제대로 처리하지 못할 수 있습니다. 그 결과 감정, 이미지, 소리, 신체적 감각은 트라우마 상태에 갇히게 되고, 마음은 충격으로부터 자신을 보호하기 위해 정보를 억압합니다. 이로 인해 억압된 마음의 상태는 치유에 방해가 됩니다.

나는 하나님께서 그 충격을 깨고 트라우마를 치유하실 능력이 있다고 믿습니다. 그러나 하나님은 또한 우리가 감정을 가지고 있으며, 그 감정을 어떻게 할지 선택할 자유 의지를 주셨습니다. 만약 당신이 감정을 놓아줄 준비가 되어 있지 않거나 놓아주기를 꺼린다면, 하나님은 그것을 강요하지 않으십니다. 또한 당신이 감정이나 기억을 붙잡고 있기로 한 결정에 대해 정죄하거나 조종하지도 않으십니다. 치유로 나아가기 위해, 다음의 간단한 단계는 고통받는 사람이 과거와 연결되도록 돕는 데 도움이 될 것입니다.

① 고통받는 사람이 마치 자신의 성장 과정을 담은 홈 비디오를 보듯, 자신을 어린이나 십 대의 모습으로 상상하게 하십시오.
② 그에게 그 상황 속에서 자신이 무엇을 보고, 느끼고, 생각했을지 추측해보라고 요청하십시오. 다른 사람이나 가족들은 그를 어떻게 대했을까요? 더 깊은 감정과 기억을 식별하기 위해 제10장의 '5단계: 사랑의 포옹' 기법을 사용하도록 권장합니다.
③ 고통받는 사람이 건강하지 않은 생각과 감정을 확인하면, 제10장의 2단계와 4단계를 동시에 사용함으로써 해방과 회복을 가져올 수 있습니다.

예를 들어, 고통받는 사람이 아버지가 가족을 떠나고 어머니가 힘겹게 생계를 유지했던 것만 기억하고 다른 이미지나 감정은 잘 기억하지 못한다면, 방금 설명한 대로 그를 어린 시절의 집 안에 있는 자신을 상상하게 하십시오.

그 시기의 그 집에서 아이가 어떤 사건과 감정을 경험했을지 추측하게 하십시오.

상황과 감정이 어땠을지 추측하는 것에 대해 계속해서 더 많은 질문을 하십시오.

고통받는 사람은 생각과 감정의 풀어놓음을 늘리기 위해 제10장 5단계: 트라우마를 풀어놓는 사랑의 포옹을 사용하는 것이 도움이 될 것입니다.

2. 알려진 트라우마와 알려지지 않은 트라우마

고통받는 사람에게 문제나 상태가 언제, 왜 시작되었는지 물어보면, 4장에서 설명했던 두 가지 유형의 대답 중 하나를 할 것입니다: 알려진 트라우마 또는 알려지지 않은 트라우마.

① 알려진 트라우마

이것은 상처를 초래한 사건이나 사람을 식별할 수 있는 경우입니다. 여기에는 상처 입었던 시기에 구체적으로 경험한 부상, 행동, 언어의 세부 사항이 포함될 수 있습니다. 또한 정서적, 신체적, 성적, 언어적 학대 또는 다른 형태의 가정 폭력도 포함될 수 있습니다. 이러한 감정과 기억은 보통 자신이 성령님께 그것들을 떠올려달라고 요청할 때 표면으로 드러날 것입니다.

②알려지지 않은 트라우마

이것은 고통받는 사람이 왜 또는 누가 그 상태를 초래했는지 식별할 수 없거나, 그 상태에 대한 알려진 이유가 없는 경우입니다. 이러한 기억들은 보통 억압되어 있으며, 그 사람은 그것들을 되찾는 데 더 많은 도움이 필요할 것입니다. 종종 그렇듯이, 더 많은 트라우마를 경험할수록 감정과 기억의 억압은 더욱 깊어집니다. 또한, 트라우마가 어린 시절의 것이라면, 아이들은 일반적으로 자신의 감정에 단어를 표현하는 법을 모르거나, 두려움이나 양육자의 격려 부족 때문에 감정을 표현할 수 없습니다. 그 결과, 기억과 관련된 감정이 항상 존재하지 않을 수도 있습니다. 따라서 우리는 그 사람에게 그런 상황에서 어린아이가 어떤 감정을 느꼈을지 추측해달라고 요청해야 할 것입니다.

알려진 트라우마와 알려지지 않은 트라우마 모두에 대해, 고통받는 사람이 정보를 공유하는 동안 더 깊은 트라우마를 깨기 위해 제10장 5단계: 트라우마를 풀어놓는 사랑의 포옹을 사용하는 것이 도움이 될 것입니다.

3. 감정을 식별하거나 표현하지 못하는 사람에게 해줄 수 있는 것

어릴 때 감정을 표현하는 것은 경험에 대한 자연스러운 반응이어야 합니다. 양육자들이 그 표현에 어떻게 반응했는지는 남은 삶 동안 자신을 어떻게 표현할지에 대한 인상을 남깁니다. 예를 들어, 감정을 표현했을 때 부모님이 화를 내거나 "울지마!"라는 말을 들었다면, 그 자녀는 감정을 표출하는 것이 안전하지 않다고 믿게 될 것입니다. 결과적으로, 감정을 표현하지 않으면 트라우마를 풀어놓는 데 어려움을 겪고, 치유 과정에 방해물을 만들게 됩니다.

나는 직장에서 많은 좌절과 분노를 겪으면서도, "나쁜 일"이 일어날까 봐 좀처럼 자신의 생각을 표현하지 않는 한 남자를 알고 있었습니다. 집에서는 아내가 화를 내면, 그는 조용히 있거나 자리를 피했습니다. 이것은 아내를 더 화나게 했고, 더 많은 문제를 초래했습니다. 그는 나에게 자신이 자주 짜증이 나고, 긴장하며, 불안하다고 말했습니다. 또한 두통을 겪고 집중하는 데 어려움을 겪었습니다. 이것은 그에게 일상이 되었습니다. 그는 감정을 거의 표현하거나 이야기하지 않는 가정에서 자랐습니다. 그리고 감정을 표현할 때마다 자기 방으로 보내졌습니다. 그가 사역을 받고 하나님께서 우리를 감정을 표현하도록 창조하셨다는 것을 이해했을 때, 그는 과거의 감정들을 더 자유롭게 식별할 수 있었습니다.

어떤 여자는 다른 사람과 논쟁할 때마다 사회적으로 위축되고 감정적으로 닫힌다고 내게 말했습니다. 갈등이 오래 지속된 후, 그녀는 설명할 수 없는 짜증, 불안, 울음, 수면 문제, 우울증을 겪었습니다. 어렸을 때, 그녀는 종종 부모님이 싸울 때 그 사이에 서 있었습니다. 그녀는 이 경험을 불쾌하고 불안한 순간으로 기억했습니다. 어렸을 때 그녀는 항상 감정을 속으로 숨겼는데, 그것을 표현하는 것이 부모님을 더 화나게 하고 그들이 떠날 이유를 더할까 봐 두려웠기 때문입니다. 성인이 된 후에도 그 여자는 계속해서 감정적으로 닫혔고, 자신의 감정을 표현할 적절한 단어를 찾을 수 없었습니다.

이 사람들과 다른 많은 사람의 공통점은 과거의 상처 입었던 사건들로 인하여 그들이 믿었던 것 때문에 자신들이 느끼는 바를 표현하지 않았다는 것입니다. 좋은 소식은, 하나님은 고통받는 사람이 직면하는 어떤 것보다 위대하시고, 우리는 그들이 자유를 찾도록 도울 힘이 있다는 것입니다. 『평화, 사랑, 그리고 치유』(Peace, Love and Healing)라는 책에서 의사이자 저자인 버니 S. 시걸(Bernie S. Siegel)은 모든 감정을 풀어놓는 것의 중요성을 탐구합니다. 그는 "불쾌한 감정을 포함하여 모든 감정을 표현하는 것이 중요합니다. 왜냐하면 일단 감정이 밖으로 나오면, 그것들은 힘을 잃기 때문입니다. 그것들은 더 이상 그 사람을 곤경에 빠뜨릴 수 없습니다. 그것들을 밖으로 내보내는 것은 도움을 요청하는 것이자 몸에 보내는 '생생한' 메시지입니다."[1]라고 썼습니다.

1) Bernie S. Siegel MD, Peace, Love and Healing(New York: Harper & Row, 1989), 29.

4. 다른 사람이 감정을 표현하도록 돕기

하나님은 사람들이 내면의 혼란에 휩싸여 그것에 대해 침묵하기를 의도하지 않으셨습니다. 다음은 사람이 자신의 감정을 표현하도록 돕기 위한 제안입니다.

① 제5장에 있는 '경청 기술'을 사용하여 그 사람이 안전하다고 느끼게 하십시오.
② 고통받는 사람에게 그들의 상태나 환경 속에서 살고 있는 자신을 상상할 때 어떻게 느끼고 무엇을 생각할지 추측해보라고 요청하십시오. 이것이 그들이 감정에 대해 처음으로 이야기하는 것일 수 있으므로, 그들에게 여러 가지 감정 단어를 고려하게 하십시오. 이 과정을 통해 고통받는 사람이 감정과 기억에 대한 더 깊은 탐색과 풀어놓음을 촉진하기 위해 제10장의 5단계: 사랑의 포옹 기법을 사용하게 하십시오.
③ 그 사람에게 감정을 표현하는 것은 하나님께서 우리를 창조하신 원래의 방식이며, 기쁨이나 슬픔을 표현하기 위해 눈물을 흘리는 것처럼 자연스러운 것이라고 말해주십시오.
④ 그 사람에게 감정을 식별하는 데 있어 인도와 계시를 위해 성령님께 기도하도록 하십시오.
⑤ 그 사람이 감정을 표현하기 시작하면, 격려의 말을 해주십시오.

당신은 에너지를 풀어놓고 타인과의 소통을 위한 자연스러운 기능으로서 감정을 가지고 태어났습니다. 만약 당신이 일상 생활에서 이러한 표현 수단들을 사용하지 않는다면, 당신은 삶의 기쁨을 온전히 경험하지 못할 것입니다.

5. 용서할 준비가 되지 않은 사람에게 해줄 수 있는 것

용서하지 않음은 마음, 생각, 몸의 치유를 가로막는 장애물 중 하나입니다. 용서하는 행위는 개인적인 선택이자, 영적인 행동이며, 치유와 회복을 얻기 위한 필수적인 단계입니다. 그러나 용서가 그토록 중요하다면, 고통받는 사람이 용서하지 않음을 붙잡고 있는 이유가 납득되지 않습니다. 하지만 그들이 여전히 어떤 내면의 투쟁(분노, 상처, 또는 불의)에 사로잡혀 있다면, 그 감정은 그들이 용서하지 않음을 붙잡고 있는 것이 얼마나 비논리적이고 건강하지 않은가를 깨닫지 못하도록 가릴 것입니다. 용서는 불의나 손해를 끼친 사건으로부터 누군가와 무언가를 풀어주게 하는 논리적인 선택입니다. 모든 상처 입는 사건은 정서적 트라우마를 유발하기 때문에, 그 사람은 다른 사람을 용서할 정당성이나 안전함을 느끼기 전에 건강하지 않은 감정을 드러내고 풀어놓아야 합니다. 만약 고통받는 사람이 치유 기도 과정 중에 다음과 같은 행동을 하는 것을 본다면, 그들이 용서할 준비가 되지 않았다는 것을 알리는 신호입니다.

① 감정에 대해 이야기하는 것을 어려워함.
② 과거의 건강하지 않은 감정을 풀어주기를 원치 않음.
③ 계속 화를 내거나 복수하기를 원함.
④ 다시 상처받을까 두려워하거나 취약해지는 것을 두려워함.

만약 어떤 사람이 용서하기를 원하지 않는다면, 그들은 보통 그 감정을 붙잡고 있을 강력한 이유가 있다고 믿습니다. 이런 경우, "그냥 예수님께 맡기세요", "십자가로 가져가세요"와 같은 흔한 기독교 문구는 그들이 온전히 놓아주고 용서하는 데 충분하지 않을 것입니다. 따라서 기도 사역자는 그 사람이 건강하지 않은 감정을 풀어놓고 용서로 나아가도록 설득할 더 강력한 이유가 필요합니다. 기도 사역자는 고통받는 사람이 용서하도록 돕기 위해 다음의 연습을 시도할 수 있습니다.

[기도 사역자는 왼손으로 주먹을 쥐고 오른손으로 손바닥을 펴야 합니다. 그리고 고통받는 사람에게 이렇게 말하십시오.]

> "상처를 입거나 불의가 일어났을 때, 다른 사람(또는 사건)이 당신 안에 감정을 일으키는 방식으로 당신을 압도했습니다. 이 주먹은 당신에게 상처를 준 사람(또는 사건)을 나타냅니다. 이 펴진 손바닥은 그 감정을 경험하는 당신입니다. 상처를 입었을 때의 당신인 이 펴진 손바닥은 당신에게 고통을 준 사람(또는 사건)에게 자신을 붙였습니다."

[당신의 펴진 오른손을 왼손의 주먹 위에 올리십시오. 그리고 고통받는 사람에게 이렇게 말하십시오.]

> "당신의 감정이 이 사람(또는 사건)에게 계속 붙어 있는 한, 당신은 그 사람(또는 그것)에게 힘을 부여하고 있는 것입니다. 당신은 그 사람(또는 사건)에게 감정적, 영적으로 속박되어 있습니다. 당신은 이 사람에게 부당한 일을 당했고, 여전히 당신이 그 상처를 가지고 다니고 있습니다. 계속 그러고 싶습니까? 당신은 그 사람(또는 사건)이 당신에 대해 그렇게 많은 힘을 갖도록 내버려두고 싶습니까? 계속 무력한 상태로 있고 싶습니까? 이제 괜찮아질 준비가 되었습니까?"

[오른손과 왼손을 분리하여 왼쪽에 주먹을, 오른쪽에 펴진 손바닥을 보여주면서, 고통받는 사람에게 이렇게 말할 수 있습니다.]

> "저는 지금 당신을 가해자로부터 분리하고 싶습니다. 당신은 일어난 일을 좋아할 필요는 없습니다. 아직 그들을 용서할 필요도 없습니다. 그저 당신의 감정이 일어난 일로부터 분리되어 있어서 그 사람(또는 사건)에게 압박당할 필요가 없다고 상상하세요."

[이제 기도 사역자는 10장의 5단계: 트라우마를 풀어놓는 사랑의 포옹 기법을 2단계: 트라우마를 풀어놓기 위한 기도와 동시에 사용해야 합니다.]

6. 화, 상처, 또는 분노를 풀어놓지 못하는 사람에게 해줄 수 있는 것

고통받는 사람이 화, 상처, 또는 분노를 풀어놓지 못할 때, 이는 과거에 상처가 있거나 현재 안전하지 않은 상황에 살고 있다는 것을 확인시켜 줍니다.

당신은 "그들을 제 삶에 들이고 싶지 않아요,"

"그들에게 화내는 것을 멈출 수 없어요,"

"그들이 이렇게 했다는 것을 믿을 수 없어요. 싫어요,"

"어떻게 그럴 수 있어요,"

"이건 불공평해요,"

"어쩔 수가 없어요," 또는 "용서할 수 없어요"와 같은 표현들을 들을 수 있습니다. 풀어놓지 않은, 억압된 감정은 그들을 소모시키고 그 상처와 불의를 붙잡고 있는 것이 얼마나 건강하지 않은지 깨닫는 데 방해물을 만듭니다. 고통받는 사람은 다음과 같은 이유로 감정을 붙잡고 있을 수 있습니다.

* 다시 상처받는 것으로부터의 보호.
* 약해 보이거나 취약해지는 것에 대한 두려움.
* 잘못에 대한 정의나 보상을 받지 못함.
* 이전의 비슷한 잘못이 풀어놓아지지 않아 현재의 상처로 계속 고통받음.

다음 단계들은 치유를 시작하기 위한 방해물들을 무너뜨릴 것입니다.

(1) 고통받는 사람에게 다음 중 하나를 질문하거나 말하십시오.

① 이렇게 느끼는 것이 좋습니까, 아니면 이 감정이 당신의 상황에 도움이 됩니까?
② 계속해서 일어나는 상황들로부터 상처나 분노가 있습니까?
③ 과거의 상황들로부터 여전히 상처나 분노가 있습니까?
④ 이 감정들을 붙잡고 있는 한, 당신은 그 사람들과 상황들에게 힘을 주고 있는 것입니다. 당신의 느낌을 바꿀 준비가 되었습니까?

(2) 치유 기도를 위한 단계들을 시작하십시오(제10장 참고).

(3) 만약 기도받는 사람이 계속해서 화, 상처, 또는 분노의 감정을 풀어놓는데 어려움을 겪는다면:

① 해결해야 할 더 이른 어린 시절의 트라우마가 있는지 물어보십시오. 성령님께 더 이른 트라우마를 찾아달라고 기도하고, 치유 기도를 위한 단계들을 계속 따르십시오.
② 고통받는 사람은 현재 상처 입거나, 안전하지 않거나, 부담

스러운 상황에 있기 때문에 이러한 감정을 붙잡고 있습니다.

제10장의 5단계를 사용하여 더 이른 기억이나 감정을 드러내고 풀어놓으며, 신체적 또는 정서적 해를 입힐 위협이 있다면 상처를 주는 사람으로부터 떨어져 있거나 완전히 분리하는 시간을 갖도록 제안하십시오.

③ 학대하고 방치한 가계도에 대해 자신과 가족을 용서하십시오. (제10장의 세대적 상황과 저주를 치유하는 기도 참고.)
④ 강렬한 감정이 지속된다면, 예수님께서 그 사람을 보호해 주시도록 기도하고, 숙련된 기독교 상담 전문가에게 추가적인 상담을 받도록 권장하십시오.

7. 치유 과정에 예수님을 원하지 않는 사람에게 해줄 수 있는 것

만약 그 사람이 치유 과정에 예수님을 참여시키고 싶어 하지 않는다면 어떻게 해야 할까요? 그들이 하나님이나 예수님에게 화가 나서 그분과 아무 상관도 하고 싶지 않다면 어떻게 해야 할까요?

어떤 사람들에게는 치유 과정에 예수님을 강제로 참여시키는 것이 오히려 더 해를 끼칠 수 있습니다. 고통받는 사람이 더 깊은 문제를 드러내고 치유를 받을 수 있도록 안전한 환경을 조성할 대안적인 방법을 갖는 것이 중요합니다.

먼저, 누군가가 예수님의 도움을 원하지 않을 때, 가장 흔한 이유는 그 사람이 초기 삶의 트라우마 사건 동안 권위 있는 인물(또는 예수님)에게 학대받고, 거절당하고, 버려지고, 또는 보호받지 못했다고 느껴서 안전하다고 느끼지 못하기 때문이라는 것을 이해해야 합니다.

또 다른 강력한 이유는 트라우마 사건 중에 기도가 응답되지 않았을 때이며, 이는 실망, 상처, 혼란, 버림받음, 불신, 그리고 사랑받지 못한다는 감정을 만들 수 있습니다. 이러한 사건들이, 특히 어린 시절에 일어날 때, 어린 마음은 트라우마를 이해할 수 없습니다. 결과적으로, 마음은 '나는 하나님을 믿거나 의지할 수 없어,' '나는 하나님께 보호받지 못해,' '나는 혼자야,' 또는 '나는 사랑받거나 천국에 갈 만큼 충분히 좋지 않아'와 같은 건강하지 않은 믿음과 생각들을 만들어냅니다.

가장 흔한 신념은 보호받지 못하거나 사랑받지 못한다는 감정입니다. 이러한 마음의 각인이 풀어놓아지지 않으면, 신앙의 위기를 만들고 평생 동안 치유를 믿는 데 어려움을 겪게 됩니다.

우리는 예수님을 치유법으로 사용하기 전에, 기억 속으로 예수님을 초대할 수 있는지 묻는 것이 중요합니다. 왜냐하면 고통받는 사람이 하나님에 대한 불신을 드러내지 않고 기도 사역자를 실망시키고 싶어 하지 않을 수 있기 때문입니다.

고통받는 사람이 예수님을 참여시키고 싶어하지 않을 수 있다는 몇 가지 징후는 다음과 같습니다.

① 트라우마 사건들을 설명할 때 하나님이나 예수님에 대해 부정적인 코멘트나 감정을 표현합니다.
② 예수님과 관계를 맺은 적이 없거나, 그들이 예수님을 치유자나 하나님의 아들로 인정하지 않는 다른 문화적 또는 영적 신념을 가지고 있습니다.
③ 예수님이 치유 과정에 소개될 때, 그 사람은:

a. 긍정적으로 반응하지 않거나 그의 기도가 거의 진전이 없고 효과가 제한적입니다.
b. 더 초조해지거나, 감정적으로 멀어지거나, 마음을 닫습니다.

8. 고통받는 사람이 안전함을 느끼도록 돕는 방법

고통받는 사람이(특히 예수님을 생각할 때) 건강하지 않은 감정, 기억, 또는 믿음을 풀어놓는 것이 안전하지 않다고 느낄 때, 트라우마적 기억의 치유는 더 어려워질 것입니다. 안전하지 않다고 느끼는 것은 그 사람이 다음과 같은 경우에 분명하게 나타날 수 있습니다.

*기억에 대한 그들의 생각이나 감정에 대해 이야기하는 것을 어려워합니다.
*기억을 하지 못하거나 마음으로 “기억하기”를 원하지 않습니다.
*기억에 관해 다른 사람들과 예수님을 특별히 믿는 것을 어려워합니다.

고통받는 사람을 식별하고 풀어놓는 과정이 시작되기 전에 안전함을 느끼는 상태로 전환하는 것이 중요합니다. 다음 단계들은 제10장의 2단계를 사용할 때 통합될 수 있습니다.

① 고통받는 사람에게 그들이 신뢰하는 누군가(친구, 가족 구성원, 또는 성인인 자신)를 보호자로 대신 설 수 있도록 상상할 수 있는지 물어보십시오. 그들이 신뢰하는 사람이 그들을 보호하는 것을 상상하면서, 우리는 두 가지 방식으로 치유 과정을 계속할 수 있습니다.

a. 그 사람에게 하나님께 기도함으로써 치유 과정을 계속해도 될지 물어보십시오.
b. 또는, 그 사람에게 하나님 대신 "진리의 영"이라는 용어를 사용하여 치유 과정을 계속해도 될지 물어보십시오.
c. 만약 고통받는 사람이 치유 과정에 어떤 영성도 원하지 않는다면, 지정된 신뢰하는 사람만을 사용하여 계속하십시오.

② 만약 그 사람이 보호해 줄 사람을 생각할 수 없다면, 우리(기도 사역자)가 보호자로 여겨질 수 있는지 물어보십시오. 나는 기도 사역자의 이미지가 보호자로 계속 사용되는 것을 권장하지 않지만, 우리의 목표는 결국 고통받는 사람에게 예수님을 소개할 만큼 충분한 고통을 풀어놓는 것입니다.

③ 그 사람에게 안전한 사람과 함께 보호막 안에 있는 자신을 상상하고, 상처를 주는 사람(또는 사건)은 보호막 밖에 있는 것을 상상하게 하십시오. 이것은 안전함을 느끼게 하는 간단하고 강력한 이미지입니다.

나는 할아버지에게 성적으로 트라우마를 입었던 어린 시절의 기억을 떠올린 셰리라는 여성을 위해 기도한 적이 있습니다. 내가 치유를 위한 단계들을 사용했을 때, 그녀는 하나님께 대한 분노를 직접적으로 말했고 기억 속에 예수님과 함께 있기를 원하지 않았습니다. 그녀는 "예수님이 저를 보호해주지 않았으니, 그분을 그 사건에 두고 싶지 않아요"라고 말했습니다. 나는 그 요청을 존중했고, 그녀에게 함께 있을 때 안전함을 느끼는 가장 좋아하는 가족 구성원이 있는지 물어보았습니다.

그녀는 삼촌을 언급했고, 나는 그녀에게 자신을 큰 보호막 안에 있는 자신을 상상하게 하고 삼촌과 할아버지는 밖에 서 있도록 했습니다. 할아버지로부터 안전하다고 느꼈을 때, 그녀는 정서적 트라우마를 풀어놓을 수 있었습니다. 그러고 나서 나는 그녀에게 그 이미지에 예수님을 나타나게 하라고 요청했습니다. 그녀는 동의했고, 나는 그녀의 마음속 그림에서 예수님이 무엇을 하고 계신지 물었습니다. 그녀는 예수님이 자신을 안고 계시고 모든 것이 괜찮을 거라고 말씀하시는 것을 상상했습니다.

그녀가 예수님이 자신을 안고 있는 것을 상상하면서 팔짱을 끼게 한 후, 나는 그녀의 머리에 손을 얹고 하나님 아버지의 축복이 임하기를 기도했습니다. 셰리는 마침내 자유로워졌기 때문에 안도와 감사하는 기쁨의 눈물을 흘리기 시작했습니다.

9. 고통받는 사람이 예수님을 믿도록 돕는 방법

어떤 사람이 정서적 트라우마로 인해 예수님의 실존을 믿지 못할 때, 당신이 예수님의 더 많은 사랑과 연민을 보여줄수록 더 많은 진전을 이룰 것입니다. 고통받는 사람이 예수님을 믿도록 돕기 위해서는, 가능한 한 많은 트라우마적인 감정과 불경건한 믿음을 드러내고 풀어놓는 것이 중요합니다. 감정은 그 사람이 진실을 보고, 느끼고, 믿는 능력을 막을 것입니다. 이것은 특히 그들이 부모, 특히 아버지에게 학대, 방치, 또는 버림받았을 경우에 해당됩니다. 당신이 지상의 아버지와 함께 경험한 것들은 종종 하늘 아버지에 대한 믿음과 기대를 형성할 것입니다. 결과적으로, 이 불경건한 믿음은 변화되어야 합니다. 이것을 위해 다음 옵션들을 사용하십시오.

① 그 사람이 겪은 일과 그것이 초래한 고통을 인정함으로써 연민을 보여주십시오. 더 자세한 내용은 제5장의 경청 기술 부분을 검토하십시오.

② 더 깊은 감정과 기억을 식별하고 풀어놓기 위해, 제10장의 2단계와 5단계를 동시에 사용하십시오. 그들의 불신 때문에, 위에서 언급한 대로 예수님의 이미지를 다른 안전한 사람으로 대체하십시오.

③ 하나님을 믿지 못하는 주된 이유 중 하나는 하나님과의 사랑 관계의 부재 때문입니다. 그들 삶 속의 아이들, 즉 자신의 자녀나 가족, 친구들의 아이들을 생각하게 하십시오. 그러고서 다음의 질문들을 해보십시오. (필요에 따라 변경하십시오.)

* 우리는 자녀들이 무엇을 하든지 그들을 사랑합니까?
* 우리는 만약 아이가 잘못된 일을 했다면, 여전히 그들을 사랑할 것입니까?
* 하나님은 하늘 아버지입니까? 우리는 하나님의 자녀입니까?
* 만약 우리의 자녀가 무엇을 했든지 사랑할 수 있다면, 하늘 아버지인 하나님은 왜 당신이나 다른 사람이 무엇을 했든지 사랑할 수 없겠습니까?

그들이 계속해서 하나님과 예수님을 신뢰하는 데 어려움을 겪는다면, 묵상해 볼 수 있는 추가적인 질문들은 다음과 같습니다.

* 자녀를 향한 우리의 사랑이 하나님의 자녀인 우리를 향한 하나님의 사랑보다 더 크게 여기는 이유는 무엇입니까?
* 한 아이를 향한 우리의 사랑이 하나님의 자녀인 우리를 향한 하나님의 사랑보다 더 중요하게 만드는 것은 무엇입니까?
* 우리가 한 아이를 보호할 것이라면, 왜 하나님이 우리를 사랑

하고 보호하지 않으실 것이라고 생각합니까?

* 우리가 삶 속에서 아이들을 사랑하는 것처럼, 이제 하나님이 우리를 사랑하고 계신 것을 인정할 수 있습니까?

이 질문들을 물어본 후, 그들의 눈을 감게 하고 예수님을 상상하도록 하십시오. 예수님이 무엇을 하시고 계시는지 그들에게 물어보십시오. 만약 불경건한 믿음이나 감정이 남아 있으면, 그것은 일반적으로 그들의 삶에 주요 인물에게서 받은 감정적 고통이 있다는 증거입니다. 치유 기도를 위해 제10장 2단계를 반복하십시오.

10. 치유가 여러 층으로 찾아올 때는 무엇을 해야 하나?

예수님은 단 한 번의 간단한 기도를 통해 치유를 가져오실 수 있지만, 우리는 여러 문제나 "여러 층"을 거쳐야만 치유가 찾아오는 때가 있을 수 있습니다. 이러한 유형의 치유는 몇 시간 안에 일어날 수도 있고, 여러 해로운 문제들을 해결하기 위해 여러 번의 기도가 필요할 수도 있습니다. 나는 또한 기도가 일시적인 개선만 가져오거나, 증상이 며칠 또는 몇 주 후에 다시 돌아오는 상황들도 보았습니다. 이것은 고백하지 않은 죄, 용서하지 않음, 또는 정서적 트라우마와 같은 여러 층의 문제들을 드러내기 위해 당신의 탐색을 확장해야 한다는 증거일 수 있습니다(제12장 참고). 이것을 양파 껍질을 벗기는 것에 비유해 보십시오.

우리는 인생에서 실망시키거나 해를 끼친 어떤 사람들에 의해 수년간 야기된 손상의 층들을 하나하나 식별하고 풀어놓기 위해 많은 기도가 필요할 수 있습니다. 때로는 하나님이 한 번의 기도로 모든 층을 씻어내실 수도 있지만, 다른 때에는 양파의 중심에 도달할 때까지 각 사건을 하나하나 드러내고 식별하도록 허용하실 것입니다. 고통받는 사람에게, 감정의 강약, 사건의 중요성, 그리고 불의로 인한 취약성의 정도(즉, 나쁜 일이 일어날 것에 대한 두려움)는 모두 그 사람이 얼마나 효과적으로 감정과 기억을 풀어놓을 수 있는지에 영향을 미칩니다.

하나님은 모든 부정적이고 해로운 감정을 씻어낼 만큼 강력하시지만, 우리가 아직 풀어놓을 준비가 되지 않은 것을 붙잡고 있을 때, 풀어놓기 위한 선택하는 경우에 그분이 우리에게 주신 선택의 자유를 존중하십니다. 바로 이 지점에서 기도 사역자가 고통받는 사람이 각 상처 입은 사건(층)을 풀어놓거나, 원래의 핵심 문제로 바로 갈 수 있도록 안전한 환경을 만들 수 있습니다. 일단 원래의 핵심 트라우마가 풀어놓아지면, 그 이후의 어린 시절 트라우마 층들은 종종 자동으로 부서지기 시작합니다.

우리가 기도할 때 성령님이 무엇을 하기를 원하시는지 귀 기울이고, 단서를 찾고, 그에 맞춰 행동하는 것이 중요합니다. 질병에 대해 반복적으로 기도해야 하는 것이 반드시 믿음의 부족이나 약한 기도생활의 징후는 아니며, 식별하고 풀어놓아야 할 더 많은 문제가 있다는 신호일 수 있습니다. 트라우마가 층으로 오는 이유 중 일부는 다음과 같습니다.

① 시간에 따라 구별되는 트라우마 사건들:

여기에는 가족, 친구, 직장 상황 등에 의해 일어난 실망, 상실, 불의가 포함될 수 있습니다. 우리가 모든 문제를 한 번에 기도하도록 인도받지 않는 한, 각 사건은 치유를 위한 단계들을 사용하여 드러내지고, 풀어놓아지고, 회복되어야 합니다.

② 같은 삶의 사건에서 비롯된 여러 트라우마 경험들:

만약 우리의 감각이 트라우마의 영향으로 감정에 휩싸인다면, 예를 들어 반복적인 학대(즉, 같은 사람에 의한 반복적인 성추행)나 자동차 사고(즉, 차 안에 갇힌 느낌, 병원까지의 고통스러운 이송, 누군가 죽는 것을 보는 것 등), 많은 트라우마 경험이 있으면 여러 층으로 된 치유가 필요할 수 있습니다.

우리는 초기 트라우마뿐만 아니라 각 층의 새로운 트라우마를 위해 기도해야 할 것입니다. 여기에는 트라우마 이전에, 트라우마 중에, 그리고 트라우마의 지속적인 영향과 함께 사는 것들이 포함될 수 있습니다. 우리가 모든 문제를 한 번에 기도하도록 인도받지 않는 한, 이 모든 층들은 치유를 위한 단계들을 사용하여 드러내고 풀어놓고 회복되어야 합니다.

③ 고통받는 사람이 그 상태와 함께 산 시간이 길수록, 그는 그 상태를 중심으로 한 삶이나 정체성을 만들었을 가능성이 더 높습니다. 우리는 트라우마의 초기 발생, 트라우마의 영향과 함께 사는 불편함, 치유되지 않을 것에 대한 두려움과 실망, 그리고 아픈 사람으로 사는 것에서 건강한 사람으로 사는 것으로의 마음의 변화를 위해 기도해야 할 것입니다(롬 12:1-2 참고). 그 사람은 치유를 받지 못할 것이라

는 두려움과, 치유된 후에 어떻게 다르게 살아야 할지에 대한 두려움 때문에 장기적인 감정의 풀어놓음에 저항할 수 있습니다. 이 모든 층들은 치유를 위한 단계들을 사용하여 드러내지고, 풀어놓아지고, 회복되어야 합니다.

나는 직장에서 미끄러져 넘어지면서 머리를 다친 한 여성을 위해 기도한 적이 있습니다. 그녀는 뇌진탕을 앓았고 편두통과 목, 어깨, 허리의 만성 통증으로 인해 몇 달 동안 일할 수 없었습니다. 결국, 그녀는 통증으로 인해 직장으로 돌아갈 수 없게 되어 강제 휴가를 받아야 했습니다. 내가 그녀의 직장에서의 초기 트라우마를 위해 처음 기도했을 때, 그녀는 통증 없이 걸어 나올 수 있었습니다. 그러나 일주일 후에 그녀를 보았을 때, 통증이 다시 돌아와 있었습니다. 내가 그녀에게 더 많은 정보를 요청했을 때, 그녀는 이전에 내가 알지 못했던 그녀의 부상에 대한 세부 사항들을 나에게 말해주었습니다.

그녀는 넘어져 머리를 다친 후, 다시는 걷지 못할까 봐 겁에 질린 채 극심한 고통 속에서 바닥에 누워 있었습니다. 나는 바닥에 무기력하게 누워 있던 강력한 감정이 이전에 다뤄지지 않았다는 것을 깨달았습니다.

내가 그녀에게 그 바닥에 예수님과 함께 있는 자신을 상상하게 했을 때, 그녀는 그 두려움을 풀어놓을 수 있었고 통증은 사라졌습니다. 몇 주 후에 내가 다시 그녀를 보았을 때, 통증이 또 돌아와 있었습니다. 그때 나는 사고 후 집에서 요양하면서 무력하고 절망적으로 느꼈던 시간에 대해 묻지 않았다는 것을 깨달았습니다. 그녀는 사고로 인해 예상했던 것보다 훨씬 더 강한 무력감을 경험하고 있는 것 같았습니다.

우리는 하나님께 그녀의 어린 시절에 극도의 무력감을 만들었던 어떤 경험이 있었는지 물었습니다. 하나님이 어린 시절의 무력감 사건을 드러내고 풀어놓을 수 있었을 때, 통증은 다시 그녀의 몸을 떠났습니다.

우리가 만날 때마다, 하나님은 그녀의 사고로 인한 상처의 더 많은 층들을 드러내셨습니다. 여기에는 고용주에 대한 분노, 신체적 독립성을 잃은 것에 대한 슬픔, 그리고 부상과 함께 사는 것에서 비롯된 우울감 등이 포함되었습니다.

요점은, 치유가 일어나지 않거나 그 상태가 되돌아올 때, 항상 사건을 둘러싼 더 많은 세부 사항들을 탐색하라는 것입니다. 이전에 내가 말했듯이, 모든 신체적 트라우마에는 항상 그에 상응하는 감정(당신이 느끼든 느끼지 못하든)이 있습니다. 거의 모든 경우에, 신체적 부상 발생 후에는 정서적 트라우마가 뒤따릅니다. 비록 내가 하나님께서 치유하시기 위해 모든 트라우마적인 세부 사항들을 들을 필요는 없지만(그분은 이미 그것들을 알고 계십니다), 트라우마 사건 이전에, 도중에, 그리고 이후에 겪었던 주요 감정들을 식별하기 위해 치유를 위한 단계들의 2단계를 사용할 필요가 여전히 있습니다.

11. 오해되고 있는 가정 폭력 트라우마

불행히도, 가정 폭력과 방치는 너무나 흔하며, 널리 오해받는 트라우마의 원인입니다. 대부분의 사람들은 가정 폭력이라는 문구를 신체적 학대가 있을 때만 연관시킵니다. 그러나 가정 폭력은 또한 식별하고 풀어놓아야 할 근본적인 문제가 되는 광범위한 건강하지 않은 대우를 포함합니다. 나는 트라우마를 유발하는 이러한 다양한 형태의 가정 폭력에 익숙해질 것을 강력히 권장합니다. 다음 지표들 중 하나 이상에 공감하는 사람은 누구나 상처 입거나 방치적인 가정 상황에 살고 있습니다.

① 정서적 학대: 비판, 침묵, 심리 게임, 과거를 들먹이기, 자신의 허락 없이 다른 사람들에게 개인적인 문제를 말하기.

② 언어적 학대: 욕설, 비하, 괴롭힘, 비판적이고 냉소적인 발언, 끊임없는 고함.

③ 협박: 위협, 폭력적인 몸짓, 위협적인 표정 및 신체 언어, 물건 던지기 또는 재산 파괴, 문을 세게 닫기, 벽을 주먹으로 치기 등으로 두려움이나 통제력을 주입하기.

④ 성적 학대: 나 자신의 의지에 반하여 성관계를 강요하기, 나를 물건처럼 대하기, 성관계를 원하지 않을 때 비하하거나 비판하기, 원치 않는 성적 접촉이나 더듬기, 강제로 신체의 은밀한 부위를 드러내게 하기.

⑤ 위협, 정서적 갈취: 그들이 원하는 것을 얻기 위해 위협을 말로 표현하거나 실행하기, 또는 나와 우리 가족 구성원에게 위협적인 발언과 몸짓을 하기.

⑥ 신체적 학대: 때리기, 밀치기, 뺨 때리기, 목 조르기, 발로 차기, 머리카락 잡아당기기, 팔 비틀기, 그리고 과도한 체벌이나 신체적 훈육.

⑦ 경제적 학대: 취업이나 퇴직하는 것을 막기, 은행 계좌 접근을 제한하여 돈을 통제하거나, 돈과 관련된 위협을 가하기.

⑧ 우월한 태도 사용: 우리를 하인처럼 대하기, 가족 결정에 서 따돌림을 당하기, "성의 주인"처럼 행동하기, 또는 사람에게 권위를 행사하기.

⑨ 종교적 학대: 우리의 행동을 통제하는 수단으로 하나님이나 성경을 인용하기, 잔인한 판단, 처벌 또는 비판, 또는 "그러고도 기독교인이라고 부르느냐," "하나님이 너를 벌할 것이다,"

"하나님은 너를 기뻐하시지 않는다," 또는 "너는 지옥에 갈 것이다"와 같은 발언을 하기.

⑩ 방치와 알려지지 않은 트라우마: 강제적인 고립, 장기간 기본적인 필요를 거부당함, 긍정, 격려, 애정, 또는 양육을 받지 못함(즉, 사랑받고 가치 있다는 말을 듣지 못함, 포옹과 같은 신체적 애정을 받지 못함).

12. 치유를 막을 수 있는 다른 장애물들

만약 치유가 일어나지 않는다면, 성령님께 치유를 막고 있는 다른 장애물을 드러나게 해달라고 요청하십시오. 비록 고통받는 사람이 과거의 장애물들 중 많은 것을 위해 기도사역을 받았을지라도, 해결되지 않은 과거의 감정들이 남아 있는 경우가 흔합니다. (이러한 치유의 장애물들과 이것들을 다루는 방법에 대한 더 자세한 내용은 내 책 『치유가 일어나지 않을 때 승리를 얻다(Finding Victory When Healing Doesn't Happen)』를 추천합니다.)

① 다른 사람, 하나님, 또는 자신에 대한 용서하지 않음: 그 사람에게 용서해야 할 사람이 있는지 물어보십시오. 나는 한때 사고로 목 부상을 입은 한 여성을 위해 다섯 번 기도했지만, 그녀는 거의 변화가 없었습니다. 내가 그녀에게 용서에 대해 물었을 때(더 일찍 물었어야 했습니다), 그녀는 가해자인 다른 운전자뿐만 아니라 또 그녀의 어머니를 용서했습니다. 그 순간, 그녀의 목 문제가 나아졌습니다.

② 죄: 그 사람에게 해결되지 않은 죄가 있는지, 또는 그가 과거의 죄 때문에 하나님이 그들에게 화가 나셨다고 믿는지 물어보십시오. 죄는 단순히 하나님께 용서를 구함으로써 쉽게 해결됩니다(엡 1:7 참고). 그 사람이 각 죄에 대해 용서를 구하

는 회개 기도를 하게 하거나, 하나님께 그들의 모든 죄를 한 번에 용서해달라고 기도하십시오.

③ 불신, 무가치함: 이것은 치유가 자신을 위한 것이라고 믿지 않거나, 치유받을 가치가 없다고 믿거나, 치유받을 만큼 여건이 충분하지 않다고 믿는 것을 포함할 수 있습니다. 그 사람이 말하는 것과 단어를 사용하는 방식은 이것을 보여주는 분명한 징후가 될 것입니다(제12장 참고). 그가 치유될 수 있다고 믿는지, 그리고 치유될 가치가 있다고 느끼는지 물어보십시오. 만약 그가 가치가 없다고 느낀다면, 치유를 위한 단계들을 사용하여 무가치함을 극복하도록 도우십시오.

④ 두려움과 의심: 거절, 사랑의 부족, 상실, 실망, 정서적 또는 신체적 트라우마와 같은 해결되지 않은 감정들 때문에, 그 사람은 계속해서 두려움과 의심의 시각으로 삶, 치유, 구원, 하나님을 해석할 것입니다. 그 사람은 보통 치유에 대한 진실을 의심하고, 치유가 자신에게는 일어나지 않을까 봐 두려워하거나, 자신의 삶의 상황이 더 나빠질까 봐 두려워합니다. 치유를 위한 단계들을 사용하여 이것을 극복하도록 도우십시오.

⑤ 영적 전쟁: 이것은 마귀들이 합리적인 생각으로는 이해할 수 없는 방식으로 마음과 몸에 영적으로 영향을 미칠 때 발생하는 세대적 저주, 주술, 두려움, 놀램, 악한 영들을 포함합니다.

악한 영들은 거듭난 그리스도인의 몸과 마음을 완전히 장악할 수는 없지만, 마음과 몸과 영에 영향을 주고, 유혹 하고, 압제하고, 해를 끼치고, 압도할 수 있습니다. 우리는 신자로서 원수를 대적할 힘과 권위를 가지고 있습니다.

"믿는 자들에게는 이런 표적이 따르리니 곧 그들이 내 이름으로 귀신을 쫓아내며 새 방언을 말하며 뱀을 집어 올리며 독을 마실지라도 해를 받지 아니하며 병든 사람에게 손을 얹은즉 나으리라"(막 16:17).
"예수께서 그의 열두제자를 부르사 더러운 귀신을 쫓아내며 모든 병과 모든 약한 것을 고치는 권능을 주시니라"(마 10:1, 눅 9:1).
"내가 너희에게 뱀과 전갈을 밟으며 원수의 모든 능력을 제어할 권능을 주었으니 너희를 해칠 자가 결코 없으리라"(눅 10:19).

제12장

치유가 일어나지 않을 때 탐색 확장하기

치유를 위해 여러 번 기도했는데도 여전히 변화가 없다면, 그것은 치유 과정에 방해가 될 수 있는 또 다른 감정이나 기억들을 드러내기 위해 탐색을 확장할 때입니다. 과거의 방해물들이 식별되고 풀어놓아질 때, 영혼은 치유 받아 자유롭게 됩니다.

예수님께서도 과거의 중요성을 이해하셨고, 마가복음 9장 21절에서 귀신 들린 아들에 대해 그의 아버지에게 "얼마나 오래되었느냐?" 하고 물으셨습니다. 과거의 기억을 탐색하는 데에 도움을 받기 위해, 이 단계들을 거치면서 성령님께 계시와 인도를 구하십시오. 치유를 위한 단계들의 2단계에서 탐색을 확장하는 과정을 사용하여, 다음 제안들을 통합할 수 있습니다.

1. 더 많은 세부 사항 얻기

고통받는 사람에게 "이 상태나 감정은 어떤 사건이나 가해자에 의해 일어났습니까, 아니면 식별 가능한 이유가 없습니까?"라고 물어보십시오. 그 사람이 경험을 간략하게 설명하게 하고, 그 일이 일어났을 때 느꼈던 감정들을 포함하게 하십시오. 만약 그가 그 상태에 대한 이유를 식별할 수 없다면, 그에게 증상을 처음 경험했을 때가 언제인지, 그리고 증상이 시작되기 몇 달(또는 1년) 전에 또는 그 가까이 있는 다른 사람들에게 어떤 스트레스 받는 일들이 일어났는지 물어보십시오. 더 많은 세부 사항을 얻으면서 다음을 수행하십시오.

① 그가 말하는 단어에 귀 기울이고 말하는 방식에 주목하라

단어들은 종종 원래 트라우마의 처음을 드러낼 것입니다. 이전에 언급했듯이, 삶의 초기에 트라우마로부터 해결되지 않은 감정은 너무 강력하여, 그 사람은 원래 트라우마를 겪었던 사람에게 적절한 행동과 단어로 계속해서 반응할 것입니다. 그 사람은 자신의 어릴 적의 단어나 반응을 인식하지 못할 수 있지만, 사역하는 사람은 알게 될 것입니다.

예를 들어, 우리는 사역하는 동안 고통받는 사람에게 다음과 같은 표현들을 들을 수 있습니다.

"인생은 너무 불공평해요."
"나는 너무 나빠요. 하나님이 나 같은 사람을 어떻게 사랑할 수 있을까요?"
"나는 앞으로 나아갈 수 없어요."
"나는 미래가 두려워요."
"아무도 나를 사랑하지 않아요."
"나는 좋은 사람이 아니에요."

게다가, 우리는 "무력한, 절망적인, 갇힌, 제한된, 제약된, 가치 없는, 자격 없는, …할 수 없는, 두려운, 원치 않는, 혼자인, 화난, 공허한, 사랑받지 못하는, 부적절한, 바보 같은, 멍청한" 등의 단어들을 들을 수 있습니다. 비록 우리가 성인의 말을 듣고 있지만, 그것들은 사실 고통받는 사람이 상처 입은 아이로서 표현할 수 없었거나 표현하지 않았던 방식으로 풀어놓는 어린 시절의 감정을 나타냅니다. 본질적으로, 우리는 그들의 상처 입은 어린 시절을 나타내는 성인의 단어들을 듣고 있는 것입니다.

아네트는 넉 달 동안 어깨 통증이 6단계였지만 원인을 알지 못했습니다. 우리는 몇 번 기도했지만 통증은 4단계로만 떨어졌고, 그래서 나는 넉 달 전(통증이 시작되기 한 달 전)에 무슨 일이 있었는지 물어봄으로써 탐색을 확장했습니다. 아네트는 가족 모임에서 오빠가 불친절한 발언을 했을 때 상처받고 분개했습니다. 내가 신체적으로 무슨 일이 있었는지 물었을 때, 그녀는 몇 가지 운동을 하다가 어깨에 통증을 느꼈지만 그 사실을 완전히 잊고 있었다고 기억했습니다. 나는 그녀에게 오빠의 발언과 어깨 통증과 함께 사는 것이 어떤 기분이었는지 물었습니다. 아네트는 자신이 피해자 같았고 그것에 대해 아무것도 할 수 없어 무력했다고 말했습니다.

나는 그녀의 단어들이 성인으로서의 외모와 능력에 맞지 않는다는 것을 알았기 때문에, 이 감정들이 그녀의 삶의 더 이른 시기에서 온 것이 분명했습니다. 우리가 아네트를 그녀가 피해자처럼 느꼈던 과거의 기억으로 데려가달라고 성령님께 요청했을 때, 그녀는 어린 시절에 오빠가 그녀의 어깨를 다치게 했던 때를 회상했습니다.

그 당시, 그녀가 어머니에게 무슨 일이 있었는지 말하자, 오빠는 그

것을 부인했고 어머니는 오빠의 말을 믿었습니다. 바로 이 시점에서 아네트는 오빠에 대한 평생의 분개와 함께, 자신이 충분히 좋지 않다는 잘못된 믿음을 갖게 되었습니다. 그녀가 이 감정을 풀어놓은 후, 그녀는 오빠와 어머니를 용서할 수 있었고, 그녀의 어깨 통증은 더 이상의 기도 없이 사라졌습니다.

전형적으로, 우리가 현재 상황을 다루는 방식은 과거에 양육자가 어떻게 대했는지, 또는 그들이 비슷한 경험을 어떻게 다루는 것을 보았는지에 영향을 받습니다. 만약 우리가 더 나은 대처 방식을 배우지 못했거나, 상처 입은 감정을 치유하는 것이 허용되지 않았다면, 우리는 성인이 되어서도 계속해서 같은 방식으로 생각하고 행동할 것입니다. 결과적으로, 우리가 어렸을 때 아픔, 고통, 트라우마와 관련된 삶의 환경을 다루는 법을 어떻게 배웠는지는 성인으로서 삶에 어떻게 행동하고 반응하는지에 반영될 것입니다.

다음은 과거의 상처 입은 감정을 가지고 사는 사람의 지표들입니다.

* 의존
* 걱정
* 두려움
* 분노
* 논쟁
* 불평
* 징징거림
* 부적절함

* 피해자 의식
* 공황 발작
* 자기 비판
* 방어적 태도
* 개인적인 외모나 사람들이 당신에 대해 어떻게 생각하는지 에 대한 걱정
* 감정적 닫힘
* 감정적, 신체적 위축
* 언어적 또는 행동적 폭발
* 떼쓰기
* 눈 맞춤 피하기
* 갈등에 대한 두려움
* 문 세게 닫기
* 무가치함 또는 좋은 것을 받을 자격이 없다고 느낌

만약 우리가 위에서 나열된 것과 같은 감정적인 표현이나 구절들을 보거나 듣는다면, 그 사람은 현재의 상황에서 감정의 표현을 더욱 강화하는 과거의 해결되지 않은 트라우마를 경험한 것입니다. 이것은 치유에 방해물이 됩니다. 치유가 일어나기 전에, 하나님이 과거의 이러한 트라우마 경험들을 드러내고 풀어놓고 해결하실 수 있도록 탐색을 확장해야 할 것입니다.

② 몸 상태의 위치

트라우마 상태가 사람에게 어떻게 영향을 미쳤는지, 그리고 어떤 문제들이 아직 해결되지 않았는지를 판단하는 좋은 단서 중 하나는 몸의 어느 부위가 그 상태를 겪고 있는지를 관찰하는 것입니다. 일

단 몸 상태의 위치를 식별하면, 그 특정 부위와의 감정적 마음과 몸의 연결을 찾아보고 치유를 위해 기도할 수 있습니다. (제15장의 특정 신체 부위에 영향을 미치는 상태에 대한 자세한 내용을 참고하십시오.)

③ 당신의 몸의 모든 부분은 기능과 목적을 가지고 있다

신체적, 정서적 트라우마가 있을 때, 그 트라우마가 풀어놓아지기 전까지는 신체 부위가 기대되는 대로 기능하지 않을 수 있습니다. 예를 들어, 아래에서 우리는 척추가 몸 전체 구조를 지지하는 주요 기능을 가지고 있음을 볼 것입니다. 우리에게 척추가 없다면, 곧게 서거나 앉을 수 없을 것입니다. 흥미롭게도, 척추 상태의 치유 부족에 대한 주요 감정적 영향은 정서적 지지 부족입니다. 결과적으로, 고통받는 사람이 정서적으로 지지받지 못했다고 느끼거나, 여전히 느끼는 과거의 트라우마를 식별하는 것이 중요합니다.

우리는 30년 전의 감정을 억누를 수 있지만, 현재의 사건이 같은 감정을 불러일으키기 때문에 그것이 다시 표면으로 드러날 수 있습니다. 사람들은 종종 "이것은 더 이상 나를 괴롭히지 않아" 또는 "오래전에 용서했어"라고 말하며 오래된 상처를 밀어내고(억누르고) 과거의 감정들을 묵살합니다.

이전에 내가 언급했듯이, 억압된 과거의 감정은 현재 트라우마의 영향에 대한 치유에 방해물이 될 수 있습니다. 게다가, 우리가 누군가를 용서했다고 말하더라도, 우리의 마음으로부터 적절한 용서를 보장하기 위해 억압된 건강하지 않은 감정을 적절하게 식별하고 풀어놓을 기회를 가져야 합니다.

다음은 몸의 위치와 기능에 대한 감정적 연결의 예시입니다. (자세한 내용은 제15장 참조.)

신체위치	신체 부위의 기능/목적	감정적 연결
척추	몸의 지지 구조	정서적 지지 부족
어깨	짐을 나르는 것	압도적인 스트레스 다른 사람들을 돌보는 부담
목	머리를 위한 구조적 안정성과 지지	감정을 표출할 수 없음 융통성 없는 마음 상태 누군가가 그 사람의 "목에 통증을 유발함!"

2. 몸의 위치와 듣는 단어들을 결합하라

우리가 탐색을 확장할 때, 성령님께 귀 기울이고 상태의 위치와 보고 듣는 단어들과 감정들을 결합하십시오. 이것은 치유를 막고 있을 수 있는 것에 대해 더 큰 단서들을 줄 것입니다. 다음 사례들은 위치와 단어들을 결합하는 방법에 대해 몇 가지 아이디어를 줄 것입니다.

① 허리 통증

고통받는 사람이 장기적인 허리 통증을 호소할 때, 우리는 척추가 몸의 주요 지지 구조라는 것을 기억할 수 있지만, 그 감정적 연결은 중요한 사람이나 장소(직장, 학교, 교회 등)로부터의 정서적 지지 부족 때문입니다. 결과적으로, 우리는 다음을 수행할 수 있습니다.

* 성령님께 그 사람의 상태가 시작되었을 때의 어떤 과거 사건이나 트라우마를 드러내달라고 요청하십시오.

* 그 사람에게 과거 또는 현재에 중요한 사람이나 조직으로부터 지지가 부족하다고 느낀 적이 있는지 물어보십시오.
* 그 사람이 필요한 정서적 지지를 제공하지 않았거나 현재도 제공하지 않는 사람들을 식별하면, 지지 부족으로 고통받는 것이 어떤 기분이었는지 설명하게 하십시오. (가능한 한 삶의 초기에 상처를 준 사람들을 식별하십시오.) 피해자나 무력한 사람으로서 삶과 관련된 대부분의 성인들은 과거로부터 배운 행동과 감정을 드러내고 있다는 것을 기억하십시오.
* 만약 그 사람이 특정 사람이나 장소를 기억할 수 없다면, 그에게 어린 시절 집 안에 있는 자신을 상상하고, 그곳에 사는 것이 어떤 기분이었을지 그가 생각하는 바를 설명하게 하십시오. 그가 성장하면서 정서적으로 지지받았다고 느꼈는지 물어보십시오.

* 그런 다음 치유를 위한 단계들의 2단계를 진행하십시오.

내가 허리 통증이 있는 한 여성을 위해 네 번 기도한 후에도 그녀의 통증에는 여전히 변화가 없었습니다. 내가 그녀에게 용서에 대해 물었을 때, 그녀는 자신이 어렸을 때에 경험한 성폭력에 대해 오빠를 용서해야 한다고 말했습니다. 그녀는 또한 자신을 보호해주지 않은 부모님을 용서해야 했습니다. 그녀가 모두를 용서했을 때, 통증이 사라졌습니다. 처음에는 오빠와의 사건이 그녀의 허리 통증과 아무 상관이 없다고 생각할 수 있습니다. 그러나 이 여성은 가족으로부터 사랑과 지지를 경험하지 못한 경험에서 비롯된 분개를 품고 있었습니다. 각각의 억압된 상처가 그녀의 치유를 막았습니다.

② 무릎과 다리

우리의 다리, 무릎, 발의 목적은 앞으로 나아가는 이동성을 제공하는 것이므로, 만약 고통받는 사람이 "제한된, 갇힌, 삶에서 앞으로 나아갈 수 없는, 그리고 변화를 만들 수 없어 무력한" 기분이라고 말한다면, 그는 과거의 어떤 시점에서 같은 기분을 느꼈을 가능성이 높습니다. 이것은 보통 지나치게 엄격한 부모, 학대적인 관계, 또는 누군가가 의료적 상태를 가지고 있는 것과 같은 상황에서 비롯됩니다. 과거의 해결되지 않은 감정은 현재의 상황에서 느껴지는 어떤 감정이든 강화하고, 치유에 방해물을 만들 것입니다. 전형적으로, 만약 그 사람이 이러한 감정들과 충분히 오래 살았다면, 그들은 특정 신체 위치와의 감정적 연결이나 과거 상황과의 연결을 보지 못할 수 있습니다. 그러나 그들의 몸은 그들에게 다른 것을 말하고 있습니다. 대부분의 사람들은 이러한 상처들을 외면하고, 그것들과는 끝났다고 믿습니다. 우리는 이 간단한 단계들을 거칠 수 있습니다.

* 성령님께 해결되지 않은 과거의 문제들을 드러내달라고 요청하십시오.
* 그 사람에게 이러한 무력감의 감정을 일으킨 사건, 사람, 또는 상황에 대해 물어보십시오.
* 만약 그가 기억하는 데 어려움을 겪는다면, 그에게 그렇게 사는 것이 어떤 기분이었을지 설명하게 하십시오.
* 제10장 치유를 위한 단계들 중에 2단계를 진행하십시오.

③ 어깨

치유되지 않는 어깨 통증은 다른 사람들을 돌보는 것에서 오는 스트레스와 부담, 압도적인 상황, 재정적 어려움에 대처하는 것, 그리고 다른 사람들과 건강한 경계를 설정할 수 없는 것과 감정적 연결이 있습니다.

나는 15년 동안 어깨 통증으로 고통받은 한 여성을 보았습니다. 기도와 의료 치료 모두 그녀의 통증을 완화하는 데 실패했습니다. 내가 그녀에게 책임지고 있는 사람이 누구인지 물었을 때, 그녀는 아버지가 돌아가신 뒤 15년 동안 어머니를 돌봐왔다고 설명하면서 스트레스 받은 표정을 지었습니다. 수년간, 압도적인 부담은 그녀의 과거 부상으로부터 비롯된 목과 어깨 통증을 증가시켰습니다. 우리가 기도했을 때, 그녀는 먼저 아버지의 죽음에서 온 슬픔을 풀어놓았고, 그 다음에는 어머니를 돌보는 책임이 자신에게만 있다는 잘못된 믿음을 풀어놓았습니다. 그녀가 어머니와 자신에게 그 부담과 잘못된 믿음을 짊어진 것에 대해 용서한 후, 그녀의 통증은 자동으로 사라졌습니다.

* 성령님께 과거의 해결되지 않은 문제들을 드러내달라고 요청하십시오.
* 고통받는 사람에게 압도적인 책임이나 부담을 지게 한 사건, 사람, 또는 상황에 대해 물어보십시오.
* 만약 그렇다면, 그 사람에게 그 책임을 지고 사는 것이 어땠는지 설명하게 하십시오.
* 제10장 치유를 위한 단계들 중에 2단계를 진행하십시오.

④ 머리

고통받는 사람이 두통과 편두통과 같은 장기적으로 해결되지 않은 상태를 호소할 때, 그는 종종 압도당하고, 정서적 또는 정신적 스트레스를 경험하며, 그것은 압박과 스트레스에 대처하는 법을 배우지 못한 것입니다. 만약 우리가 과도한 양의 책임을 지거나, 감정을 표현하는 데 어려움을 겪는다면, 압도당하고 스트레스 받을 가능성이 높습니다. 우리가 이것과 함께 산 시간이 길수록, 그 스트레스의 영향에 대해 덜 인식할 것입니다.

* 성령님께 과거의 해결되지 않은 문제들을 드러내달라고 요청하십시오.
* 고통받는 사람에게 감정을 자유롭게 표현할 수 있는지, 그리고 삶에서 스트레스 받는 상황들을 경험하고 있는지 물어보십시오.
* 그에게 그렇게 사는 것이 어떤 기분이었는지 설명하게 하십시오. 그 사람은 정기적으로 자신의 감정을 식별하고 풀어놓아야 합니다.
* 제10장 치유를 위한 단계들 중에 2단계를 진행하십시오.

3. 탐색을 확장할 때 이것들을 결합하라

우리가 탐색을 확장하는 동안 성령님께 인도를 구할 때, 상태의 원인에 대한 정보, 표현되는 단어들을 평가하고, 치유를 막고 있는 것이 무엇인지 결정하는 것을 더 쉽게 결합할 수 있을 것입니다. 만약 여전히 치유가 일어나지 않는다면, 다음 단계들을 사용하여 탐색을 확장하십시오.

① 단어와 감정의 표현에 귀 기울이십시오.
② 몸의 상태 위치를 관찰하십시오.
③ 치유를 막을 수 있는 다른 방해물들에 대해 물어보십시오. (제11장의 치유를 막을 수 있는 다른 방해물들을 검토하십시오.)

④ 몸의 통증 위치와 표현되는 단어들을 고려하고, 그 다음 고통받는 사람에게 그들이 묘사한 감정들을 일으키거나 기여했을 수 있는 사건, 사람, 또는 상황에 대해 물어보십시오. 사역 중 최상의 결과를 위해, 제10장에 있는 2단계와 5단계를 동시에 사용하십시오.

제13장

믿는 자에게 치유 기도는 효과가 있다

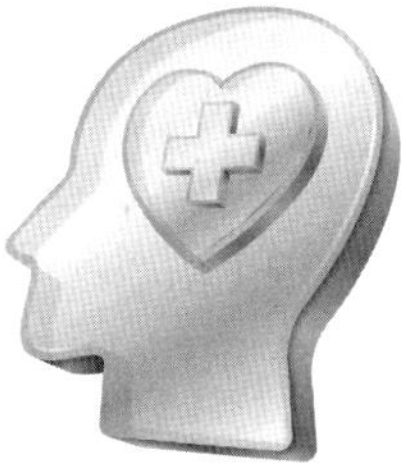

조쉬는 어렸을 때 허리디스크가 터졌고, 십 대 때 운동을 하다 허리를 다시 다쳤습니다. 이로 인해 디스크가 돌출되었고, 수년 동안 그것과 함께 살았습니다. 3년 전에 허리 수술을 받았을 때, 그는 수술대 위에서의 사고로 인해 몇 달 동안 병원에 머물러야 했습니다. 그 결과, 그는 무릎 아래 다리 근육 약화와 같은 심각한 신체적 문제와 걷거나, 서거나, 앉을 수 없는 고통을 겪었습니다. 기도와 의학적 치료는 그의 치유에 실패했고, 그의 감정적, 기억적 트라우마는 전혀 다루어지지 않았습니다.

나는 조쉬와 함께 수술 전, 수술 중, 수술 후, 그리고 병원 침대에서 보낸 석 달 동안 예수님이 그와 함께 계시는 것을 상상하며 기도했습니다. 내가 조쉬의 신체적, 감정적 트라우마를 떠나보내달라고 하나님께 요청했을 때, 그의 통증 수준은 절반으로 줄었습니다. 내가 조쉬에게 반복된 부상에 대해 자신과 다른 사람들을 용서하라고 요청했을 때, 그의 허리 통증은 완전히 사라졌습니다.

나는 조쉬와 같은 사람들이 질병과 고통의 삶에서 해방되는 것을 볼 때 하나님을 찬양합니다. 그러나 나는 새신자였을 때부터 하나님이 내 기도를 통해 사람들을 치유하실 수 있을지 의심했던 때가 있었다는 것을 인정합니다. 사실, 더 거슬러 올라가면, 나는 그리스도인들이 치유를 위해 기도해야 한다는 것조차 몰랐습니다. 나는 교회에 처음 다닐 때에 치유 기도를 들어보거나 경험해 본 적이 없었습니다.

어떤 사람들에게는, 치유를 위한 기도가 오직 기름 부음 받은 리더들에 의해서만 이루어졌습니다. 치유 기도에 대한 초기 경험은 치유에 대한 기대를 만들기 때문에, 하나님의 기적이 더 많이 나타날수록, 기적이 실제라는 믿음을 더 굳게 붙잡게 될 것입니다. 그러나 치유의 장애물은 하나님이 나 자신의 기도를 통해 다른 사람들을 치유하실 수 있다는 믿음이 부족한 것입니다.

우리의 믿음의 척도는 우리보다 더 큰 권위를 가진 누군가가 우리에게 먼저 보여주었던 믿음에 의해 결정될 수 있다는 것을 기억하십시오. 내가 아는 어떤 교회는 모든 교인의 삶에서 치유를 위해 기도하도록 가르치고 있습니다. 어린아이들조차도 치유 기도의 능력에 대한 교회학교 수업을 들으므로 다른 사람들을 위해 기도할 것을 기대하고 있습니다.

나는 교회의 복도에서 다리를 저는 한 남자를 본 여섯 살 아이에 대한 이야기를 듣습니다. 그 아이는 그 남자에게 그의 불편한 신체를 보고 기도해 줄 수 있는지 물었습니다. 아이가 기도하자, 그 남자는 치유되었습니다. 이 아이는 치유 기도가 교회 생활의 정상적인 부분이었기 때문에, 치유를 위해 기도하고 믿는 것은 자연스러운 일이었습니다.

"너희가 기도할 때에 무엇이든지 믿고 구하는 것은 다 받으리라"(마 21:22).

1. 치유를 믿는 것이 쉽지 않을 때

많은 사람들처럼, 나도 치유에 대한 믿음이 쉽게 오지 않았습니다. 대학 시절, 나는 학비를 내기 위해 학교 식당에서 일하며 큰 싱크대에서 몸을 구부리며 냄비와 프라이팬을 닦았습니다. 몇 달 후, 그 일은 내 허리에 부담을 주었습니다. 어느 날 밤, 무거운 냄비를 싱크대에서 들어 올리다가 허리 아래쪽에 누군가 칼로 찌르는 것처럼 강렬하고 날카로운 통증을 느꼈습니다. 나는 치료를 위해 가까운 병원 응급실로 실려갔습니다.

그 후 30년 동안, 나는 허리 통증을 겪었고, 때로는 몸을 못 쓸 정도로 극심한 통증이 찾아왔습니다. 나는 의사의 진료, 침상에서의 안정, 진통제 복용과 같은 일상적인 루틴을 따르며 약간의 완화를 얻었고, "그냥 그것과 함께 사는 법을 배우라"는 말을 들었습니다.

나는 다른 사람들의 정서적 고통과 괴로움에서 치유되도록 돕는 능력을 보았지만, 왜 나 자신의 치유를 얻을 수 없는지 이해하는 데 어려움을 겪었습니다. 나는 이런 식으로 살고 싶지 않다는 것과 내가 전능하신 하나님을 섬긴다는 것을 알았습니다. 나는 나중에 내 신체적 상태가, 내 감정적 문제와 신체적 치유에 대한 지식 부족으로 인해 얼마나 영향을 받았는지를 결코 깨닫지 못했음을 알게 되었습니다.

나는 그 고통의 세월 동안, 가족을 실망시키고 싶지 않았기 때문에 억지로 가족 행사들을 견뎌냈습니다. 주말 전에 의사 진료 예약을 잡을 수 없었을 때, 나와 아내는 내 허리를 위해 기도하기 시작했습니다. 그 당시, 기도는 치료 우선순위 목록에서 두 번째 또는 세 번째였습니다. 비록 아무런 완화도 없었습니다.

나는 마침내 주님께서 "일요일까지 기다려라"고 말씀하시는 것을 들었습니다. 그때, 우리는 치유를 위해 기도하는 교회가 아니었기 때문에, 그 말씀이 무엇을 의미하는지 이해하지 못했습니다. 그러나 나와 아내는 하나님이 우리를 위해 준비하신 치유의 기적을 경험하기를 갈망했습니다. 그래서 우리는 몇 주 전에 목사님들이 우리를 초대한 교회를 방문하기로 결정했습니다.

내 허리가 극심한 통증에 있었음에도 불구하고, 우리는 하나님이 무엇을 하실지에 대한 기대감으로 그 교회에 참석하기로 결정했습니다.

예배가 끝날 무렵, 목사님은 치유 기도가 필요한 사람은 앞으로 나오라고 했습니다. 나는 이 교회를 방문하는 동안 치유 기도를 기대하지 않았지만, 그것이 "하나님의 순간"이었을 것이라고 생각했습니다. 나는 허리 아래쪽에서 시작하여 다리로 퍼지는 극심한 통증 때문에 앞으로 나가는 데 힘겨웠습니다. 나는 통로를 천천히 절뚝거리며 의자 등받이를 붙잡았습니다.

기도 팀이 바닥에 엎드리라고 말했을 때, 나는 이상하다고 생각했지만 순종했습니다. 내가 엎드리는 데 힘겨워하는 동안, 나는 무슨 일이 일어날지에 대한 두려움과 흥분으로 가득 찼습니다. 나는 주님께서 치유하실 수 있다는 것을 알았지만, 너무 오랫동안 고통을 겪었기 때문에 내 치유에 대해 의심했습니다.

기도 사역자들은 내 엉덩이와 다리가 제자리로 돌아오고 하나님이 치유를 가져오시도록 단순하게 단호한 명령을 내렸습니다.

나는 그 모든 것을 이해하지 못했지만, 그들이 일어나서 내 허리를 시험해보라고 요청했을 때 기꺼이 순종했습니다. 평소의 조심성을 가지고, 나는 옆으로 돌아누웠고 통증이 없다는 것을 깨달았습니다. 나는 통증 없이 완전히 일어섰습니다.

나는 처음에 충격을 받았고, 그다음에는 방금 일어난 일 때문에 기뻐했습니다. 나는 교회 안을 걸으면서 하나님을 찬양했고, 완전히 치유되었다고 느꼈습니다. 그날 이후로, 나는 통증이 돌아올 것이라는 걱정에서 벗어나 완전히 치유되었다고 믿는 데 3주가 걸렸습니다. 건강한 사람처럼 행동하는 방법에 대한 지침은 없었기 때문에, 나는 건강한 허리로 삶을 어떻게 살았는지 되돌아봤습니다. 그 모든 과정 동안, 나는 하나님이 성경에서 치유에 대해 말씀하신 것을 계속 읽었고, 내 허리에 통증을 가져왔을 활동들에 직면할 때마다 내가 건강하다는 것을 끊임없이 상기시켰습니다. 이 모든 것을 통해, 나는 허리를 튼튼하게 유지하기 위해 규칙적인 스트레칭, 운동, 걷기로 자신을 계속 돌봐야 한다는 것을 깨달았습니다.

2. 치유를 믿는 믿음을 향상시키는 방법

그 놀라운 경험 후에, 나는 하나님과의 관계와 치유 기도를 보는 내 시각을 진지하게 들여다보았습니다. 나는 하나님에 대한 믿음은 강했지만, 그분이 나를 통해 일하실 것이라는 믿음은 약했다는 것을 깨달았습니다. 내 기도를 통해 하나님이 무엇을 하실 수 있는지 믿는 데 어려움을 겪게 한 것은 바로 나 자신의 믿음 부족이었습니다.

나는 누가복음 1장 37절, "대저 하나님의 모든 말씀은 능하지 못하심이 없느니라." 즉 하나님께는 불가능한 것이 없다는 것을 믿고 싶었습니다. 나는 말씀을 읽고, 예배에 집중했고, 치유 기도에 대해 더 많이 배우면서 내 믿음을 강화하기 위한 여정을 계속했습니다. 그러나 나에게 가장 도움이 된 것은 내 원래의 믿음과 투쟁한 과거의 문제들에 대한 내적 치유 사역을 받는 것이었습니다.

나는 과거의 중요한 사람들이 내가 필요로 했던 관심과 사랑과 애정을 주지 않았고, 이것이 나 자신에 대한 확신과 믿음을 갖는 데 어려움을 겪게 했다는 것을 깨닫지 못했습니다. 내 과거의 상처들이 드러나고 풀어놓아질 때, 내 마음속에 하나님 아버지로부터 사랑을 실제로 받을 공간이 생겼습니다. 하나님의 사랑은 내가 이전에 느껴본 어떤 것과도 달랐습니다. 나는 예수님과 더 가까운 관계로 나아갔고, 이것은 하나님이 나를 통해 다른 사람들을 치유하실 수 있다는 것을 믿는 확신을 증가시켰습니다.

내 감정의 치유는 하나님이 나를 얼마나 사랑하시는지, 그리고 내가 그분께 얼마나 소중한 존재인지 내가 이전에 경험한 적이 없는 방식으로 드러냈습니다. 이 경험은 한 가지 핵심적인 진리를 드러냈는데, 이는 내가 하나님이 나를 사랑하신다는 것을 지식적으로는 알았지만, 진정한 사랑이 어떤 기분인지 알지 못했다는 것입니다. 나는 하늘 아버지의 사랑을 온전히 느낄 수 없었다는 것을 깨달았습니다. 왜냐하면 내가 먼저 지상 아버지의 사랑을 온전히 경험하지 못했기 때문입니다.

그리고 나는 하나님의 사랑을 추구하고 받는 자유를 어떻게 행사해야 하는지에 대한 메시지를 듣고 지적으로 알고 있었지만, 실제로 그것을 나 스스로 경험하는 데는 항상 어려움을 겪었습니다. 이것이 사람들이 성경을 암기하고, 컨퍼런스에 참석하고, 기도하며 하나님과 시간을 보내지만, 여전히 온전히 “그곳에 도달하거나” 그분의 사랑스러운 임재를 “느낄” 수 없는 이유입니다. 나는 그러한 활동들이 하나님과 더 가깝게 만들 수 있고 그래야 하지만, 하나님의 진정한 사랑을 경험하는 것을 막는 방해물 역할을 하는 과거의 해결되지 않은 감정적 상처나 트라우마가 있다면 여전히 어려움을 겪을 수 있다는 것을 분명히 하고 싶습니다. 이것이 트라우마적인 상처로부터 우리의 영혼을 드러내고, 풀어놓고, 회복하는 것이 그토록 중요한 이유입니다.

나는 내 영혼의 상처들을 풀어놓으면서 내 마음에 그분의 임재를 경험할 수 있었습니다. 이것은 내가 이전에 겪어본 적이 없는 권위와 능력을 경험하게 했고, 하나님이 누군가를 치유하실 기회를 볼 때마다 믿음으로 나아갈 수 있는 확신을 증가시켰습니다.

나는 사랑, 가치, 확신에 대한 감정이 부족한 사람은 누구든지 부정적인 감정과 트라우마를 풀어놓고 하나님이 갖기를 원하시는 사랑을 회복함으로써 내적 치유를 받을 것을 강력히 추천합니다.

우리는 치유 받기 위해 ‘제10장 치유를 위한 단계들’을 사용할 수 있습니다. 우리가 치유를 받고 다른 사람들의 치유를 위해 기도할 강한 믿음을 갖는 것이 하나님의 소망입니다. 하나님께는 불가능한 것이 없다고 믿는 믿음을 증가시키기 위해 우리의 삶에 어떤 급진적인 사건이 일어날 때까지 기다릴 필요는 없습니다.

3. 치유를 위해 하나님을 더 갈망하는 사람들을 위한 제안들

① 치유를 추구하고, 치유 기도를 위한 기회를 찾는 것을 결코 멈추지 마십시오.

② 치유 기도를 받은 후, 보거나 느끼는 것만을 믿기보다는 예수님의 피로 치유되었다는 약속 위에 서십시오. 만약 치유될 수 있다고 믿는 데 어려움을 겪는다면, 그 감정들에 대한 내적 치유를 추구하십시오.
③ 하나님은 치유하기를 원하시는 사랑 많고 자비로운 아버지라는 믿음 위에 서십시오. 그분은 우리의 지상 아버지와 같지 않습니다. 만약 하나님께 사랑받고 있다고 느끼지 않는다면, 그 감정들에 대한 내적 치유를 추구하십시오.
④ 치유와 우리를 향한 하나님의 약속에 대한 성경을 읽음으로써 믿음을 쌓으십시오.
⑤ 예배하는 시간을 갖고, 매일 예수님의 기적을 보고자 하는 생각을 가진 신자들과 함께 기도하십시오.
⑥ 하나님이 우리에게 화가 나지 않으셨고, 질병을 벌, 심판, 또는 정죄로 사용하지 않으신다는 것을 기억하십시오.
⑦ 이해와 격려를 얻기 위해 다른 기적 이야기들을 읽으세요.
⑧ 과거의 치유에 대한 믿음 부족이 지금 치유를 믿는 것을 막지 않도록 하십시오.
⑨ 기도 사역자나 치유 전문가들을 통해 감정적 치유를 추구하십시오. 우리 자신의 영, 혼, 몸을 드러내고, 풀어놓고, 회복하는 과정을 통해 권위 있는 사람들과의 관계, 신념 체계, 그리고 하나님과의 관계를 검토하십시오.

4. 다른 사람들의 치유를 위해 기도하기를 갈망하는 사람들을 위한 제안들

① 하나님과 시간을 보내며, 하나님의 사랑으로 마음을 채워주시고, 하나님의 능력과 권위를 사용하는 데 대한 이해와 확신을 더 해달라고 요청하십시오.
② 예배, 치유 컨퍼런스, 치유 사역에 시간을 보내십시오.
③ 기도 모임과 성경 공부에 참여하고, 예수님의 기적을 생각

하고 믿음에 대하여 같은 생각을 가진 신자들과 함께 기도하십시오.

④ 치유와 우리를 향한 하나님의 약속에 대한 성경을 읽음으로써 믿음을 쌓으십시오.

⑤ 하나님께 기회를 요청한 후, 치유 기도가 필요한 사람들을 주시하십시오.

⑥ 기도 사역자나 치유 전문가들을 통해 감정의 치유를 추구하십시오. 우리 자신의 영, 혼, 몸을 드러내고, 풀어놓고, 회복하는 과정을 통해 권위 있는 사람들과의 관계, 신념 체계, 그리고 하나님과의 관계를 검토하십시오.

5. 다른 사람들의 치유를 위해 기도할 때의 제안들

① 고통받는 사람이 치유될지 걱정하지 마십시오. 그저 기도하십시오. 우리의 의무는 기도하는 것이고, 하나님의 의무는 치유하는 것입니다.

② 고통받는 사람이 치유되었을 때, 하나님께 영광을 돌리십시오. 그들이 치유되지 않았다면, 하나님께 실망감을 드리십시오. 우리는 어떤 식으로든 이길 수 있는 것입니다.

③ 기도한 후, 고통받는 사람에게 그들이 보거나 느끼든지 상관없이 하나님이 여전히 치유 과정에 있다는 약속 위에 서라고 지시하십시오.

④ 치유 기도는 종교에 관한 것이 아닙니다. 그것은 우리의 연민을 통해 예수님의 사랑을 나누는 것입니다.

⑤ 기도할 때, 일부 성경 구절은 분명히 도움이 되지만, 많은 성경 구절을 사용할 필요는 없습니다. 단순히 예수님의 이름을 사용하여 질병에게 떠나라고 명령하고 치유가 일어나라고 선포하십시오.

⑥ 우리는 누군가와 함께 기도하기 위해 치유 기도의 전문가가 될 필요가 없습니다. 그저 기도하십시오. 걱정하지 마십시오.

제14장

치유를 유지하는 방법

사람들은 자신의 치유된 상태를 유지하는 방법을 모르기 때문에 치유를 잃는 경우가 더 많습니다. 사람들에게 치유를 유지하는 방법을 가르치면, 치유 상태가 유지되는 비율이 증가할 것입니다. 자신의 치유를 유지하기 위해, 그들은 행동하고, 생각하고, 심지어 가장 간단한 행동 방식을 바꿔야 할 것입니다. 이것은 기본적인 것처럼 보일 수 있지만, 치유를 유지하는 중요한 단계입니다.

마지막으로, 그들에게 치유를 유지하는 것에 대한 다음의 일반적인 지침들을 줄 수 있습니다. (다른 사람들에게 줄 사본을 원하시면, 내 웹사이트의 치유 정보 페이지 Insightsfromtheheart.com에서 "How to Keep Your Healing"(당신의 치유를 유지하는 방법)이라는 글을 읽을 수 있습니다).

우리가 치유를 요청할 때, 우리를 치유하는 것은 하나님의 의무입니다. 우리의 의무는 믿음으로 치유를 받았다고 믿으며 믿음 안에 서는 것입니다. 우리의 치유를 유지하기 위해, 따라야 하는 몇 가지 매우 중요한 단계들이 있습니다.

1. 믿음으로 치유됨을 믿으라

이것이 예수님께서 우리가 알기를 원하셨던 것입니다. 예수님은 "그러므로 내가 너희에게 말하노니 무엇이든지 기도하고 구하는 것은 받은 줄로 믿으라. 그리하면 너희에게 그대로 되리라."(막 11:24) 하고 말씀하셨습니다. 이것은 우리가 하는 모든 것을 통해 치유되었다는 믿음 안에서 생각하고 행동함으로써 이루어집니다. 다음 2-3주는 적응 기간이 될 것입니다. 우리는 이전의 아픈 사람으로서가 아니라 건강한 사람으로서 생각하고 행동해야 할 것입니다. 만약 허리나 다리가 치유되었다면, 서거나 걸을 때, 치유된 사람으로서 걷는 것에 집중하십시오. 우리가 신체적 아픈 상태를 가졌을 때 걸었던 방식이 아니라, 치유되었다고 생각하고 믿으면서 정상적이고 곧은 걸음걸이로 걸으십시오.

2. 통증이 되돌아오는 느낌에 초점을 맞추지 말고 건강 함에 집중하라

많은 사람이 치유를 잃습니다. 왜냐하면 그들은 통증을 느끼자마자 그들의 마음이 그 통증에 집중하기 시작하고, 이는 나쁜 상태가 돌아오고 있다는 걱정을 증가시키기 때문입니다. 그들이 작은 통증을 경험하자마자, 이전 상태의 오래된 습관이나 생각들이 돌아옵니다. 통증이나 생각을 꾸짖고 치유되었다는 믿음을 되찾음으로써 치유 안에 머무르십시오.

예를 들어, 만약 작은 통증을 경험한다면, "예수님의 이름으로, 저는 이 통증을 예수님께 전가합니다. 저는 치유되었고, 이 통증과 아무 상관이 없습니다. 저의 치유에 대해 예수님께 감사합니다"라고 말할 수 있습니다. 그런 다음, 비록 통증이 여전히 있더라도, 하나님이 어떻게 치유하셨는지에 대해 다시 생각하십시오.

3. 하나님으로부터 받는 좋고 새로운 것도 오래된 부정적인 생각 패턴과 사탄에 의해 저항을 받을 것이다

사탄은 우리가 좋은 것을 갖는 것을 원하지 않습니다. 치유나 기적도 원하지 않습니다. "마귀를 대적하라. 그리하면 너희를 피하리라."(약 4:7)고 했으니, 우리의 옛사람의 사고 방식을 대적하십시오.

어떻게 이것들에 대적할 수 있을까요? 하나님의 말씀에 대한 믿음으로 이것들을 대적할 수 있습니다. 하나님의 말씀은 기적을 믿는 사람들과 교제하고(롬 1:12 참조), 하나님으로부터 받는 것은 무엇이든 유지할 것이라고 약속합니다(막 11:24, 눅 6:38, 약 1:5, 요일 2:27 참조).

우리는 질병과만 싸우는 것이 아님을 기억하십시오. 우리가 치유되는 것을 원치 않는 마귀의 세력과도 싸우고 있습니다. 그러므로 통증을 내보내기 위해 기도할 때, 우리는 이미 하나님의 치유 선물을 받았다는 것을 기억하고, 원수에게 떠나고 통증도 함께 사라지라고 말할 수 있습니다. 신앙 친구들에게 우리와 함께 기도해달라고 요청하고, 우리가 부정적인 생각들을 할 때 위로해주고 우리의 생각과 행동을 건강하게 유지하도록 도와달라고 하십시오.

4. 정기적으로 치유하심을 하나님께 감사하고 말씀을 묵상하는 시간을 가지라

유명한 치유 사역자 스미스 위글스워스는 “만약 당신이 필요할 때까지 믿음을 쌓기를 기다린다면, 그것은 너무 늦은 것입니다.”라고 말했습니다. 이것이 다윗이 골리앗을 물리칠 수 있었던 이유입니다. 왜냐하면 그는 이전에 사자와 곰을 상대로 자신의 믿음을 쌓았기 때문입니다. 이것이 바로 우리의 치유와 능력 주심에 대해 하나님께 정기적으로 감사해야 하는 이유입니다.

매일 성경을 읽는데 시간을 드리고 하나님의 말씀을 묵상하십시오. 우리가 하나님이 생각하시는 방식으로 생각할 때, 우리는 사물들을 사랑스럽게 보게 될 것이고 그것은 믿음을 높일 것입니다.

우리의 믿음을 격려하는 치유에 대한 많은 성경 구절들이 있습니다. 우리는 하나님의 말씀이 치유에 대해 무엇을 말하는지 더 많이 알수록, 치유 안에서 사역하는 것이 더 쉬워질 것입니다.

나는 다음 성경 구절들을 읽고 시작할 것을 제안합니다.

> “그가 찔림은 우리의 허물 때문이요 그가 상함은 우리의 죄악 때문이라. 그가 징계를 받으므로 우리는 평화를 누리고 그가 채찍에 맞으므로 우리는 나음을 받았도다”(사 53:5).
>
> “저물매 사람들이 귀신 들린 자를 많이 데리고 예수께 오거늘 예수께서 말씀으로 귀신들을 쫓아내시고 병든 자들을 다 고치시니 이는 선지자 이사야를 통하여 하신 말씀에 우리의 연약한 것을 친히 담당하시고 병을 짊어지셨도다 함을 이루려 하심이더라”(마 8:16-17).
>
> “친히 나무에 달려 그 몸으로 우리 죄를 담당하셨으니 이는 우리로 죄에 대하여 죽고 의에 대하여 살게 하려 하심이라. 그가 채

찍에 맞음으로 너희는 나음을 얻었나니"(벧전 2:24).
너희 중에 병든 자가 있느냐? 그는 교회의 장로들을 청할 것이요 그들은 주의 이름으로 기름을 바르며 그를 위하여 기도할지니라. 믿음의 기도는 병든 자를 구원하리니 주께서 그를 일으키시리라. 혹시 죄를 범하였을지라도 사하심을 받으리라(약 5:14-15).
"대저 하나님의 모든 말씀은 능하지 못하심이 없느니라"(눅 1:37).

"너희가 기도할 때에 무엇이든지 믿고 구하는 것은 다 받으리라"(마 21:22).

"내가 진실로 진실로 너희에게 이르노니 나를 믿는 자는 내가 하는 일을 그도 할 것이요 또한 그보다 큰일도 하리니 이는 내가 아버지께로 감이라. 너희가 내 이름으로 무엇을 구하든지 내가 행하리니 이는 아버지로 하여금 아들로 말미암아 영광을 받으시게 하려 함이라. 내 이름으로 무엇이든지 내게 구하면 내가 행하리라"(요 14:12-14).

제15장

마음과 몸의 상태에 대한 감정적 연결

모든 신체적 또는 감정적 트라우마로 인해 억압된 감정은 몸 전체에 저장되어 기능이 약화된 상태를 만듭니다. 결과적으로, 몸은 질병에 더 취약해지고, 저장된 감정은 그 상태의 풀어놓음을 방해하고 치유를 막을 수 있습니다. 치유가 일어날 수 있는 통로를 여는 좋은 방법 중 하나는 마음과 몸의 상태에 대한 다음의 감정적 장벽들을 드러내고 풀어놓는 것입니다.

1. 이 정보를 치유에 사용하는 방법:

① 이 장에서 우리의 감정적 또는 신체적 상태를 찾고, 그 상태와 함께 나열된 우리가 경험했던 감정들을 각각 식별하십시오. (만약 어떤 상태가 목록에 없다면, 영향을 받은 신체 부위를 찾아보십시오. 감정적 문제들은 동일할 것입니다. 예를 들어, "췌장암"을 찾을 수 없다면, 대신 "췌장"을 찾아보십시오.)

② 하나님께 우리가 이러한 감정들을 처음 가졌던 삶의 더 이른 시기로 데려가 달라고 요청하십시오. 이것은 제10장 치유를 위한 단계들 중에 2단계를 사용할 때 도움이 될 것입니다.

③ 우리의 감정들을 식별하기 어려울 수 있으므로, 가족이나 친구들에게 우리의 몸 상태에 적용될 수 있는 감정들을 식별하

는 것을 도와달라고 요청하십시오.

2. 마음과 몸의 상태에 대한 감정적 원인연결

* 가려움: 불만족스러운 욕망; 삶에서 더 많은 것을 원함; 현재 상황을 받아들이지 않음; 친밀감 문제; 과거에 대한 슬픔과 후회; 성적 죄책감; 쉽게 짜증.
* 가슴: 가치에 대해 갈등함; 자기 가치를 부인함; 양육 능력에 대해 갈등함.
* 가슴: 신념과 감정의 핵심에서 보호받지 못함; 보호받지 못함; 해결되지 않은 두려움; 인정 또는 자기애 부족; 무력함; 사랑에서 거부되고 상처받음.
* 간: 해결되지 않은 분노; 비이성적임; 좌절; 용서하지 않음; 분개와 옹졸함; 비판적임; 비판적인 생각; 자신과 다른 사람을 용서하지 않음; 불의와 복수에 대한 생각에 사로잡힘; 자기 비난; 과거를 후회함; 슬픔.
* 간염: 변화에 저항; 분개; 분노; 두려움; 자기 의심; 지나치게 요구적임; 어린 시절의 통제; 무력함.
* 간질: 압도됨; 자기 박해; 현재의 삶을 거부하고 싶은 욕망; 자해; 지나치게 부담스러움; 분개함; 기대를 충족시킬 수 없음.
* 감기: 다른 사람들에 대한 불친절한 감정; 가정과 삶의 혼란; 계절성 질병에 대한 신뢰.
* 감염: 적대감, 분노; 의심; 짜증; 분개; 내적 갈등.
* 감정 없음: 감정을 표현하기를 두려워함; 이해받지 못함; 자신의

의견을 말하는 것이 허용되지 않음; 자신의 감정은 충분히 좋지 않다고 느낌; 해결되지 않은 과거 트라우마.

* 갑상선: 자기 표현을 두려워함; 좌절/불안; 식별력 부족; 편집증; 혼란스러운 사고; 억압된 감정.
* 갑상선 기능 저하증: 포기함; 절망; 패배함; 비관주의; 다른 사람들에 의해 억눌림.
* 갑상선 기능 항진증: 지나치게 책임감 있음; 사랑받지 못할까 두려워함; 자격 없음; 소외됨; 거부; 거부하는 가정에서 자람.
* 갑상선종: 불만족; 이용당했다고 느낌; 삶의 목적이 좌절됨; 무력함; 빈약한 자기 가치; 격노; 분개; 억압적인 어린 시절.
* 강박 장애(OCD): 나쁜 일이 일어날까 봐 두려움; 질병이나 오염에 대한 두려움; 자신/다른 사람을 해칠까 봐 두려움; 완벽주의; 충분히 좋지 않음; 사랑받지 못함; 보살핌 받지 못함; 버려짐; 지지하지 않는 가정으로부터의 해결되지 않은 과거 상처.
* 거식증: 부모(보통 어머니)를 기쁘게 할 수 없음; 기대에 부응할 수 없음; 자기 거부, 자기 증오.
* 건막류(무지외반증): 끊임없는 두려움.
* 건초열(계절성 알레르기 비염): 해결되지 않은 격노나 두려움; 슬픔; 슬픔; 억압된 눈물; 억압된 공격성; 복수에 대한 욕망; 죄책감.
* 걸림(목구멍): (목구멍 참고)
* 게실염(대장벽에 작은 주머니의 염증): 자기 처벌; 자기 박탈; 거부; 과거의 죄책감; 비현실적인 기대; 자기 비난.
* 결막염: 쉽게 좌절; 분노; 지나치게 비판적임.

* 결장 문제: 문제를 처리/다루기 어려움; 놓아줄 수 없음; 과거의 해결되지 않은 상처를 붙잡음; 억압된 증오; 부담스러움; 감정적 문제; 억압된 슬픔과 감정적 반응.
* 결절: 좌절과 분개; 자신을 증명해야 할 필요; 취약한 자아.
* 결핵: 이기심; 소유욕; 다른 사람에게 잔인함.
* 겸상 적혈구 빈혈: 열등감; 사랑받지 못함; 과거의 상처; 자기 거부; 무가치함.
* 경련: 삶에 대해 두려워함; 억압된 감정.
* 경계성 장애: 충동적; 불안정; 기분 변화; 신뢰와 사랑에 어려움; 친밀감에 어려움; 사람들이 말하는 것에 대해 편집증적임; 쉽게 화를 냄; 불안정하고, 방치되고, 불신하며, 상처 입히고, 사랑 없는 가정에서 자람.
* 경화증: 억압된 분노/격노; 자기 불만; 죄책감; 수치심; 불신; 위험에 처함; 부담스러움; 무력함/절망; 책임감에 압도됨; 외로움; 지지받지 못함.
* 계절성 알레르기: (건초열 참고)
* 고관절: 의사 결정에 대한 두려움; 비관; 미래에 대한 두려움; 가정 내 권력 불균형; 지지받지 못함; 기대할 것이 없음.
* 고환: 두려움: 남성성을 잃을까 봐; 어린 시절 지나치게 책임감 있음; 무력함; 제한됨, 자기 의심; 자신감 부족.
* 고혈당증: 구원자; 자신을 위한 시간이 없음; 높은 기대.
* 고혈압: 압박감; 위험에 처함; 우울함; 분개; 무력함; 억압된 감정; 지나치게 자기 의존적임; 긴장을 풀 수 없음.
* 곰팡이: 과거를 놓아줄 수 없음; 자기 파괴적임; 과거에 지배됨; 불

안정; 끊임없는 인정에 대한 필요.

* 공동 의존(코드펜던시): 혼자 있을까 두려워함; 실패에 대한 두려움; 사랑받지 못함; 버려짐의 문제; 행복의 원천을 다른 사람에게 의존함.
* 공황 발작: 압도적인 두려움; 방치됨; 버려짐; 두려움; 통제력 부족; 상황을 바로잡고 싶은 욕망; 나쁜 일이 일어날까 봐 두려워함; 죽음에 대한 두려움; 불신; 해결되지 않은 과거 트라우마.
* 공포증: 나쁜 일이 일어날까 봐 두려움; 안전하지 않음; 불신; 보호받지 못함; 사랑받지 못함; 삶에서 중요한 사람들에게 지지받지 못함; 통제력을 잃을까 봐 두려움; 해결되지 않은 과거 트라우마.
* 과립구 감소증(백혈구의 한 종류=호중구, 호산구, 호염기구): 무가치함; 충분히 좋지 않음.
* 과민성 대장 증후군(IBS 또는 경련성 결장): 불안정; 현재 또는 과거에 보살핌 받지 못함; 놓아주거나 삶과 함께 흐를 수 없음; 통제해야 할 필요.
* 과잉 행동: 결핍; 평화 부족; 욕구가 충족되지 않음; 초조함; 성과에 대한 압박; 기대를 충족시킬 수 없음.
* 과체중: 불안정; 자기 거부; 몸의 자기 보호; 사랑과 만족에 대한 욕망; 자기 만족; 억압된 감정; 표현되지 않고, 잘못 인식되고, 부적절한 감정.
* 과호흡: 삶의 흐름을 불신; 삶의 불확실성에 대한 두려움.
* 관절: 분개; 억압된 상처; 변화에 저항; 불신; 융통성 없음; 미래에

대한 두려움.

* 관절염: 자신 또는 다른 사람을 비판함; 적대감을 품음; 부정적인 신념을 품음; 장기적인 분개; 분노; 쓰라림; 장기적인 불안 및, 또는 우울증; 억압된 분노; 옳아야 한다는 필요를 느낌; 경직된 생각, 느낌; 타협하지 않음; 융통성 없음; 분노를 표현할 수 없음.
* 관절염(류마티스): 몸이 상충되는 메시지를 받음; 무가치함; 겉으로는 웃고 속으로는 울고 있음; 무력감; 압도됨.
* 관절염(퇴행성 관절 질환 또는 DJD): 자기 비판; 무가치함; 두려움; 분노; 제한되고 갇힘; 자기 의심과 두려움으로 인한 성과 미달; 사랑받지 못함; 분개; 쓰라림; 비판적; 비난하고 비판함, 어린 시절과 그 이후의 사랑과 거부 부족; 억압된 감정.
* 괴저(Gangrene, 壞疽) 극단적인 병적 상태; "독성적인" 감정; 자기애 부족; 불안정.
* 교합 문제: (턱관절 장애 참고)
* 구강 문제: 변화에 저항; 지지받지 못하는 것에 대한 실망과 혐오; 자신을 표현할 수 없음; 편협함; 안락 지대를 떠나는 것에 대한 두려움; 부정적인 경험.
* 구내염: 해결되지 않은 부정성; 과로; 정서적 스트레스; 정서적 고통; 세부 사항에 대한 불안.
* 구취: 미완성; 삶의 불만족스러운 해결책; 기능 부전, 무관심한 가정에서 자람.
* 구토: 불쾌한 현실을 거부함; 혐오.
* 굳은살: 삶에 순응하지 못함; 반사회적 성향; 새로운 것을 배우는

것에 저항.

* 귀(내이): 악화됨; 형편없는 의사 결정; 삶의 방향 전환.
* 귀(듣기는 이해하는 능력과 관련이 있음)
* 귀(이명): 소음 트라우마; 내면이 압도됨; 충분히 좋지 않다는 내적 믿음.
* 귀(청력 문제): 사람들이 당신의 방식대로 듣기를 원함; 절망; 거부되거나 굴욕을 당함; 약화됨; 격노; 갈등을 싫어함.
* 귀앓이: 당신이 듣는 것에 대한 분노; 무슨 일이 일어나고 있는지 듣고 싶어 하지 않음.
* 귀앓이(어린이): 가정 내 혼란을 참을 수 없음.
* 균형 문제: 삶에서 혼란; 균형을 잃음; 잠재적으로 위험한 세상에서 위험하고 혼란스러움; 방향 감각 부족; 요구와 책임에 지침.
* 그레이브스병(갑상선기능항진증): 탁월하도록 내몰림; 완벽주의; 사랑받을 자격이 없다고 느낌; 거부로부터의 분노; 아이로 사랑받지 못함.
* 글루텐 민감성(NCGS=단백질 종류): 어린 시절부터 지나치게 책임감 있음; 압도됨; 슬픔; 고통; 절망; 아이로 거부됨.
* 근시: 어린 시절의 두려움; 상황을 다르게 봄.
* 근육 경련: 고집, 불안함, 앞으로 나아가기를 저항, 억압된 감정, 감정, 상황, 아이디어를 붙잡고 있음.
* 근육 긴장이상: 결과에 대한 두려움; 어린 시절에 성공하기를 두려워함; 나쁜 일이 일어날까 두려워함; 다른 사람들을 다치게 할까 두려워함.

* 근육이영양증(근골격계 질환): 정서적 힘의 저하, 식별력 부족 초래; 자기 의심; 불안; 압도됨; 앞으로 나아가기 어려움; 분노; 성공 회피; 수동 공격적인 가정에서 자람.
* 기관지염: 가정 내 부조화; 분노; 불안; 감정을 보류함; 자기 표현을 두려워함; 두려워함; 긴장; 무력함.
* 기면증: 다른 곳에 있기를 바람; 대처할 수 없음; 책임감에 지침.
* 기억 문제: 변화를 겪고 있음; 과거 트라우마의 회피/부인; 무력함; 과거를 잊고 싶은 욕망.
* 기억상실증: 자기주장하거나 자신을 옹호할 수 없음; 문제에서 벗어나거나 도망치고 싶은 욕망; 미래에 대한 두려움.
* 기생충: 압도됨; 다른 사람들이 당신을 통제하게 함; 독립에 대한 두려움; 실패에 대한 두려움; 불신; 결코 충분히 좋지 않음.
* 꼬리뼈: 물질적 욕구/생존 욕구에 지나치게 관심.
* 난독증: 자궁 내에서 계획되지 않았거나 원치 않았음; 유아 또는 아동으로 버려지거나 방치됨; 세상과 연결되기 위한 자극과 발달 부족.
* 난소: 사랑과 존경에 대한 욕망; 충분히 좋지 않음; 거부에 대한 두려움; 성적 역할의 부적절함; 외로움; 지지받지 못함; 감사받지 못함; 여성적 정체성에 의문을 가짐; 분노.
* 난관(막힘): 장기적인 신경 긴장; 지나치게 예민한 성격; 초조함; 과잉 반응.
* 남성 건강 문제: 성적 역할을 충족시키는 데 부적절함; 놓아주기를 거부함; 불륜 또는 문란함에 대한 죄책감; 이전 관계의 불쾌한 기억에 시달림; 사랑에서 불만족.

* 낭성섬유증(Cystic Fibrosis=폐와 소화기관에 끈끈한 점액이 쌓이는 유전성 질환): “삶은 다른 모든 사람에게는 잘 되지만 나에게는 그렇지 않다”는 신념; 만성적인 슬픔; 우울증; 기쁨을 회피함; 충만한 삶을 살 자격이 없다고 느낌.
* 낭종 (cyst=혹): 자신에 대해 미안해함, 상처 입은 감정을 해결할 수 없음, 죄책감에 기반한 자기 거부, 비난, 수치심을 주는 가정에서 자람.
* 내분비계: 불균형; 통제 불능; 혼란스러운 기능 부전 가정에서 자람.
* 노화 문제: 현재의 상황을 받아들일 수 없음; 자신에 대한 두려움; 오랫동안 해결되지 않은 부정적인 감정.
* 녹내장: 적대감; 용서하지 않음; 쓰라림; 해결되지 않은 상처; 실망; 미래를 보는 것을 거부함; 사랑할 수 없음.
* 농가진(膿痂疹=피부질환): 따로 떨어져 비난받음; 무력함, 상황에 갇힘; 다른 사람들을 기쁘게 하기 위해 내몰림; 높은 기대; 분노.
* 농양: 끓어오름; 해결되지 않은 상처; 복수하고 싶은 욕망.
* 뇌 문제: 초조함; 불안; 통제력 부족; 기진맥진함; 지나치게 요구적임; 걱정.
* 뇌성마비: 마비된 사고생활, 모든 것을 올바르게 만듦; 지나치게 책임감 있음; 죄책감; 놓아주거나 용서할 수 없음.
* 뇌수막염: 받아들여지지 않음; 자기 거부; 분노; 다른 사람들에게 비난받음.
* 뇌종양: 깊은 정신적 갈등; 움츠러듦; 혼란; 방향 감각 상실; 삶에

대해 황폐해짐; 비관적임; 방식을 바꾸는 것에 고집스러움; 삶에 대한 견해에서 경직됨; 엄격하고 경직된 어린 시절 환경에서 자람.

* 뇌졸중: 거부; 지나치게 저항적임; 사랑받지 못함; 보살핌 받지 못함; 압박감에 압도됨; 포기하고 싶은 욕망; 자기 비판적임.
* 뇌하수체: 삶에 대해 불행하고 실망함; 통제 불능; 불운/불행이 따라다님; 부정적인 생각; 불신; 무가치함.
* 눈(각막): 오랜 상처; 어린 시절의 박탈감; 감정이 의식으로 밀려나옴.
* 눈(건조): 감정과 단절됨; 과거의 상처로 인해 감정적으로 죽은 상태.
* 눈(눈물): 내면의 슬픔을 표현할 수 없음; 진실을 볼 수 없음; 보이는 것을 이해하기를 거부함; 미래에 대한 두려움; 삶을 있는 그대로 보는 것을 거부함; 삶이 약하고 초점이 맞지 않는 것처럼 보임; 다른 사람들과 의견이 일치하지 않음; 용서하지 않음; 자신의 자기 가치를 볼 수 없음.
* 눈(망막 박리): 기능 부전, 부정이 지배하는 가정에서 자람; 가족 기준이 명확성에 대한 감각을 왜곡함.
* 눈(분홍색 눈): 격분한 분개; 주변에서 일어나는 일을 볼 수 없음.
* 눈(아래 다크서클): 쓰라림; 후회, 회한; 자기 비난; 깊이 뿌리박힌 슬픔; 불만족; 분개, 상처.
* 눈(충혈): 과도한 압박; 과로; 피로; 깊은 문제들을 처리함; 내면의 감정과의 갈등.
* 눈다래끼: 다른 사람들의 장점을 볼 수 없음; 해결되지 않은 분노.

* 늑막염: 적대감과 적개심.
* 다리 문제: 삶에서 앞으로 나아가기를 두려워함; 변화에 저항; 우유부단함; 우유부단함; 이해할 수 없음; 지지받지 못함; 버려짐 문제.
* 다리 문제(마비): 불쾌한 상황을 회피함; 두려운 상황을 회피함.
* 다발성 경화증(Multiple sclerosis, MS=뇌.척수의 신경 보호막 공격): 융통성 없음; 새로운 아이디어를 받아들이지 않음; 자기비난; 용서하지 않음; 경직됨; 다른 사람들이 무책임하거나 지지하지 않는 것에 분개; 억압된 감정; 감정에 대한 두려움; 근육 위축을 초래하는 자기 마비.
* 다발성 골수종: (암 참고)
* 다발성 사고: 강렬한 스트레스; 긴장과 걱정; 권위에 저항; 무방비상태; 자신을 처벌해야 한다고 느낌; 입장을 취할 수 없음; 우유부단함; 잘못된 장소에 있을까 두려워함.
* 다중 화학 물질 과민성(MCS): 분리에 대한 두려움; 외로움; 취약함; 불신; 다른 사람들을 받아들이기 어려움; 억압된 감정; 억눌림; 실망; 쓰라림; 용서하지 않음; 충족되지 않은 욕구; 목적과 방향 부족.
* 단핵구증(單核球症, 엡스타인-바 바이러스 감염=키스병): 사랑받지 못하고 가치가 없다고 느낌; 한계를 설정하기 어려움; 인정받지 못하는 것에 대한 분노; 압박과 요구에 지침; 억압된 감정; 자신을 표현할 수 없음.
* 담낭: 분개; 담즙; 고집; 절망적임; 무능력함; 우울함; 쓰라림; 분노; 의지를 강요하고 싶은 욕망.

* 담석: 쓰라림과 비난; 융통성 없음; 용서하지 않음; 교만함; 움츠러듦; 우울함; 해결되지 않은 슬픔.
* 당뇨병: 자신 또는 다른 사람을 지나치게 비판함; 실망; 만성적인 슬픔; 정서적 충격; 기쁨 부족; "삶이 달랐어야 했는데"라고 함; 통제에 집착함.
* 대장: 불안; 완벽주의; 방어적임; 사랑받지 못함; 버려짐과 거부 문제; 재정적 걱정; 자기 파괴적; 감정을 통제함; 지나치게 책임감 있음.
* 대장염(결장 문제 참고): 질서에 지나치게 관심; 자유를 잃을까 두려워함; 지나친 걱정; 억압과 패배; 더 많은 애정에 대한 욕망.
* 대장염(궤양성): 강박적인 행동; 우유부단함; 불안; 억압된 적대감 또는 분노; 순응해야 할 필요; 순교자처럼 느낌.
* 대상포진: 일이 잘 풀리지 않을까 봐 두려워함; 지나치게 민감함; 긴장; 자기 적대감.
* 독감: 두려움; 극도로 부정적임; 약하고 무력함; 비관주의(최악의 일이 일어날 것이라고 믿음); 내적으로 갈등함; 제안에 대한 취약성.
* 독감: 최악의 일이 일어날 것이라고 믿음; 비관주의.
* 동맥(경화): 실망에 대한 두려움; 냉담함; 독재적임; 삶에서 방해받거나 지연된 욕망; 해결되지 않은 감정이 생산성을 가림.
* 동맥경화증: 감정, 느낌을 표현할 수 없음; 긍정적인 것을 볼 수 없음; 해결되지 않은 부정적인 감정; 마음을 열기를 거부함.
* 동맥류: 자기애적임; 구원자 역할; 충족되지 않은 욕구; 억압됨; 분

개함; 기능 부전/비난하는 가정에서 자람.

* 두드러기: 작은 숨겨진 두려움; 재발하는 두려움; 학대당함; 올바른 시각으로 사물을 볼 수 없음; 분노; 다른 사람들의 융통성 없는 행동에 짜증; 자신을 위해 말할 수 없음.
* 두통: 긴장; 스트레스; 해결되지 않은 감정; 표현되지 않은 상처; 내적 압박; 통제력 부족; 압도적인 두려움과 불안; 건강하지 않은 관계; 현실을 직면하기를 꺼림; 웃거나, 노래하거나, 찬양하거나, 감사를 표현할 수 없음.
* 두통(군발성): 죄책감; 두려움; 실패; 긴장을 풀거나 신뢰할 수 없음; 앞으로 나아가기를 저항함; 내적 시계가 불일치함; 분개와 분노; 어린 시절부터 지나치게 책임감 있음.
* 등(허리 문제 참고)
* 디스크 탈출증: 우유부단함; 지지받지 못함.
* 떨어짐(낙상): (부상 참고)
* 떨림: 두려워함; 불안정; 불확실성에 대한 두려움; 정체; 움직일 수 없음; 통제력 부족, 자기 파괴적임; 예측 불가능, 파괴적인 가정 생활.
* 라임병(피부홍반): 지나치게 책임감 있음; 버려질까 두려워함; 과도한 부담; 자기 비난; 우울함; 갇힘; 충분히 좋지 않음; 조건부 사랑 속에서 자람.
* 람블편모충증(장내 기생충): 자격이 없거나 중요하지 않음; 부적절함; 충분히 좋지 않음; 거부됨; 박탈당함; 다른 사람들의 기대가 비현실적이라고 믿음.
* 루게릭병(ALS, 근위축성측삭경화증=진행성신경계질환): 자기 가

치를 부인함; 성공에 대한 부인 및/또는 받아들이지 않음; 자신의 능력을 불신.

* 루푸스: 슬픔; 포기함; 자기 거부; 분개; 겉으로는 웃고 속으로는 울고 있음; 충분히 좋지 않음.
* 류머티즘: 분개; 복수하고 싶은 욕망; 피해자 의식; 쓰라림; 자신, 다른 사람을 사랑하지 않음; 거부됨; 변화에 저항; 되새김.
* 림프계: 열정 부족; 받아들여지지 않음; 감정 없음; 사랑받지 못함; 부적절함; 동기 부여 부족; 자신의 필요를 돌보기 어려움; 수치심 기반 가정에서 자람.
* 림프관: 평화 부족; 기쁨 없음; 분개; 증오 또는 분노; 사랑 없고 지지받지 못하는 가정에서 자람.
* 마비: 정체; 앞으로 나아갈 수 없음; 경직된 사고; 죄책감, 거부; 용서하지 않음; 두려움; 불확실성; 불안정; 어린 시절의 두려움.
* 마비: 책임감에 압도됨; 지나치게 부담스러움; 잠재의식적으로 도망치고 싶은 욕망; 미래에 대한 두려움; 부적절함; 자제력 부족; 혼란스러운 어린 시절; 나쁜 상황을 바꿀 수 없음.
* 마비(오른팔): 주는 것에 어려움; 삶에서 비효율적임; 설명할 수 없는 고집에 대한 저항; 마음의 긴장.
* 마비(왼팔): 다른 사람들에게서 받는 것에 어려움; 받아들여지지 않음.
* 만성 질환: 불신; 안전하지 않음; 위험을 회피함; 더 나은 것을 위해 변화하기를 꺼림.
* 만성 피로 증후군: 절망; 황량함; 외로움; 낙담; 절망감; 살고 싶은 의지 부족; 낮은 자기 가치.

* 말더듬: 감정에 대해 감히 맞서지 못함; 자신을 표현하기 어려움; 완벽주의; 정서적으로 불안정; 사람들을 기쁘게 하려 함; 권위 있는 인물에 대한 두려움.
* 말라리아: 안전하지 않다고 느낌; 불신; 외로움; 단절됨.
* 망막 박리: (눈 문제 참고)
* 매스꺼움: (메스꺼움 참고)
* 맹장염: 삶에 대해 두려워함; 두려움을 다룰 수 없음; 낮은 에너지.
* 머릿니: (기생충 참고)
* 멀미: 통제하지 못할까 봐 두려워함; 주도권을 잡고 싶은 욕망.
* 메니에르병(난청, 어지러움증, 이명, 이충만감): 방향 감각 상실; 균형을 잃음; 너무 많은 책임; 빈약한 방향 감각; 위험에 대한 두려움.
* 메스꺼움: 불쾌한 현실을 거부함; 바람직하지 않은 상황에 대한 후회; 나쁜 일이 일어날까 봐 두려워함.
* 면역 체계: 포기함; 다른 사람들을 돌볼 수 없음; 통제 불능; 무관심; 박해당함; 텅 빈 상태로 살고 있음; 어린 시절부터 지나치게 책임감 있음.
* 명치 통증: (위염 참고)
* 목 문제: 압박감; 감정을 내보내고 싶지만 감히 하지 못함; 경직된 마음 상태; 다른 사람들에 대한 거부, 불만; 골칫거리인 다른 사람들에 대한 짜증; 자신이 틀렸다고 생각하는 의견에 굴복하기를 거부함.
* 목구멍: 억압된 감정; 자주 비판받음; 억압된 정서적 상처; 자신의 뜻대로 되지 않음; 혼란; 식별력 부족; 지혜 부족.

* 목구멍(목에 뭔가 걸린 느낌): 슬픔; 안전하지 않음; 자기 표현에 어려움.
* 몸의 오른쪽 문제: 남성적인 면; 무력함; 다른 사람들을 도울 수 없음; 놓아줄 수 없음.
* 몸의 왼쪽 문제: 여성적인 면; 보호받지 못함; 받아들이지 못함; 너무 많이 말하는 사람들에게 짜증.
* 무감각: "삶의 불꽃"이 꺼짐; 무감각함; 감정에 저항함; 느낄 수 없음.
* 무감각: 받아들여지지 않음; 억압된 감정; 거부; 친밀감을 불신; 사랑을 보류하고 불신함, 움츠러듦.
* 무릎 문제: 권위에 저항; 고집; 불신; 자존심/교만 문제; 당신의 방식대로 일이 되기를 요구함; 실패에 대한 두려움; 충족되지 않은 욕구.
* 무릎 문제(무릎뼈): 변화에 어려움; 운명에 도달하기 어려움; 다른 사람들에게 순응하지 않음.
* 무릎 문제(오른쪽): 자기주장하지 못함, 권위에 굴복하고 싶지 않음.
* 무릎 문제(왼쪽): 불안정; 해결되지 않은 스트레스.
* 무좀: 받아들여지지 않음; 부적합할까 두려워함; 조건부 사랑 속에서 자람; 충분히 좋지 않음; 제자리에 갇힘; 앞으로 나아갈 수 없음; 실패에 대한 두려움; 자기 불만; 초조함.
* 물집: 감정적으로 보호받지 못함; 삶의 흐름에 저항; 안전하지 않음.
* 미열: (열 참고)

* 밀폐된 공간에 대한 두려움(폐소공포증): 통제력 부족에 대한 두려움; 나쁜 일이 일어날까 두려워함; 상황에 대한 통제력 없음; 지나치게 감정적임; 해결되지 않은 과거 트라우마.
* 바이러스 감염: 쓰라림; 삶의 좋은 점을 인식할 수 없음; 다중 트라우마; 너무 많은 책임; 분개; 아플까 봐 두려워함.
* 반항적인 행동, 생각: 사랑받지 못함; 버려짐; 배신; 거부; 원치 않음; 특별하지 않음; 지지받지 못함; 비판의 대상이 됨; 반항적인 행동이 관심을 끄는 수단이 됨.
* 발: 미래에 대한 두려움; 삶에서 앞으로 나아가기를 두려워함; 삶의 많은 측면을 이해하는 데 실패.
* 발 문제: 미래에 대한 두려움; 갇힘; 위험을 감수하기를 두려워함; 실수하는 것을 두려워함; 미지에 대한 두려움; 지지받지 못함; "두 발로 서는" 능력 부족; 부담스러움; 삶에서 빈약한 토대/발판; 약속을 회피함.
* 발(평발): 빈약한 경계; 취약함; 보호받지 못함; 약속을 회피함; 불안정.
* 발가락: 세부 사항에 대해 걱정; 자신감 부족; 비효율적임; 불신.
* 발기 부전: 성관계에 대한 상충되는 생각, 두려움, 분개; 어머니에 대한 두려움; 정신적 집착 또는 성적 좌절; 섹스와 성적 관계와 관련된 죄책감.
* 발뒤꿈치: 외로움; 사랑받지 못함; 거부; 지나치게 책임감 있음; 지지받지 못함; 삶과 발이 맞지 않음; 나쁜 일을 당할 자격이 있다고 느낌.
* 발목: 넘어지거나 실패할까 두려워함; 융통성 없음; 도전적인 상황

에서 불안정함; 삶에서 앞으로 나아가기 어려움.

* 발목(부종): 과로; 갇힘; 막힘; 그만둘 수 없음; 삶의 압박으로부터 벗어날 수 없음.
* 발바닥 사마귀: 현재/미래에 대한 좌절; 분노; 자신감 부족; 불신.
* 발작: 압박감; 압도됨; 두려워함, 절망, 분노; 도망치고 싶은 욕망; 어린 시절의 비합리적인 기대.
* 발진: 사람, 사물에 쉽게 짜증; 삶에서 앞으로 나아갈 수 없음; 불안정; 미숙함; 관심에 굶주림; 죄책감; 수치심.
* 방광 문제: 두려움; 짜증; 억눌림; 분노; 소심함; 인정에 대한 필요; 통제력 부족; 비효율적; 비능률적; 지침/피곤함; 억압된 성적 느낌; 부조화로운 관계; 표현되지 않은 성적 정체성; 질서에 대한 욕망; 생존 문제(돈, 직업, 건강)에 지나치게 관심; 더 이상 필요하지 않은 것들을 풀어놓지 않음.
* 방광염: 해결되지 않은 짜증; 불행한 사고 패턴.
* 배멀미: (멀미 참고)
* 배출 문제: 잠재의식적인 분개; 과거의 경험을 붙잡음; 놓아줄 수 없음; 쌓인 막힘과 긴장.
* 백내장: 우울함, 미래가 두려움; 무력감; 사건에 대한 통제력 부족; 미래를 보는 것을 회피함.
* 백대하(白帶下=여성 질 분비물 증가): 성적 죄책감; 무력함; 짝에 대한 분노.
* 백일해: 억압된 감정; 사랑받지 못함; 감사받지 못함; 중요하지 않음, 가치 없음; 자신과 의견에 대해 부끄러워함; 완벽주의 부모에게서 자람.

* 백혈병: 우울증; 분노 또는 악의; 사랑하는 사람의 상실; 직업 상실; 무력함; 포기함; 억압된 감정, 현재,미래의 상태가 참을 수 없음; 절망.
* 버섯 증후군(버섯중독증): 해결되지 않은 분노; 쌓인 분개; 불필요하게 다른 사람들의 부담을 짊어짐.
* 변비: 걱정; 불안; 삶에서 앞으로 나아가기를 주저함; 건강하지 않은 감정과 신념을 풀어놓기를 꺼림; 해결되지 않은 문제.
* 복부: 나쁜 판단(지혜 부족); 소유물과의 동일시; 자아감이 거의 없음; 불신; 다른 사람들에 대한 소유욕; 다른 사람들에 대한 걱정; 긴장; 두려움과 불안; 부조화; 갇힘. 통제적인 관계.
* 복부 경련: 불신; 갇힘; 긴장; 미래에 대한 두려움; 지나치게 책임감 있음; 기능 장애가 있는 가정에서 성장함; 앞으로 나아갈 수 없음.
* 부비동(부비강염): 분개; 당신과 가까운 사람들에 대한 분노; 다른 사람들의 행동에 대한 불만.
* 부비동(축농증): 다른 사람들을 통제, 결정하고 싶은 욕망; 거부됨; 지배적임, 소유욕; 쉽게 짜증.
* 부상: 죄책감; 처벌받을 자격이 있다고 느낌; 자기 분노; 고통받을 자격이 있다고 느낌.
* 부신 문제: 피해자처럼 느낌; 패배함; 양가적임; 불안; 의지의 오용; 삶에는 부담이 있어야 한다고 믿음; 해결되지 않은 질투와 두려움; 성공, 권력, 또는 지위를 위해 투쟁이 필요하다고 생각함.
* 부종: 억압된 부정적인 감정; 과거에 갇힘; 미래에 대해 두려워함.

* 부종: 자신에 대한 동정; 너무 빨리 움직이고 싶지 않음; 몸이 스스로를 움직이지 못하게 하는 방식; 불필요하게 무언가를 붙잡고 있음.
* 부정맥: (심장 문제 참고)
* 불감증: 해결되지 않은 두려움; 분개; 집착; 섹스와 성관계에 대한 죄책감; 정서적 표현에 영향을 미치는 성격 문제.
* 불면증: 긴장; 죄책감; 놓아주기를 두려워함; 불안; 위협적인 상황에 대한 두려움; 자신이나 다른 사람을 신뢰하거나 사랑할 수 없음.
* 불임: 두려움; 긴장, 갈등, 트라우마; 자기 불신; 불안; 분리; 가혹함; 부모가 되는 것에 대한 내적 혼란; 현재 상황이 아이에게 적합하지 않음; 개인적/부부 문제.
* 불임증: 긴장; 냉담함; 정서적 갈등; 두려워함; 불신.
* 불치병: 오랜 기간 동안 자신과 다른 사람을 비난함; 과거의 사람과 상황에 대해 해결되지 않은 문제와 용서하지 않음.
* 비만: 음식이 애정을 대체함; 감정을 표현할 수 없음; 사랑에 대한 욕망; 몸의 자기 보호; 자기 만족; 욕망을 인정할 수 없음.
* 비장: 자기애 부족; 사랑받지 못함; 거부됨; 정서적 갈등; 강렬한 분노, 적개심; 걱정; 낮은 자존감; 통제력 부족; 지나치게 동정적임; 불확실성; 좋은 것을 박탈당함; 침울함.
* 비중격 만곡증(鼻中隔 彎曲症): 다른 사람들의 일에 간섭하지 않으려 함; 삶에서 자신의 역할에 대해 불확실함; 지나치게 호기심 많은 마음; 삶에 대해 갈등함; 문제를 일으킬까 두려워함.

* 빈혈: 상황을 통제할 수 없다는 것에 대한 자기 분노; 삶의 방향에 대한 불만; 충분히 좋지 않음; 조종하려 하지만 조종당하는 것에 분개함; 기쁨 없음; 무질서한 삶.
* 빈혈(악성): 무력감; 포기하고 싶음; 해결되지 않은 슬픔.
* 뼈(골절): 분리, 단절된 느낌; 삶이 고집스럽거나 고정된 것처럼 보임.
* 사마귀: 삶의 좋은 점을 인식할 수 없음; 죄책감; 자기 혐오; 사랑받지 못함; 충분히 좋지 않음.
* 산통: 주변 환경에 불행함; 짜증과 조바심; 부모 또는 주변 환경으로부터의 짜증, 정서적 긴장.
* 살찜: (비만, 과체중 참고)
* 상처(부상 참고)
* 새치: (노화 문제 참고)
* 샘 문제: 장기적인 부적절한 감정; 해결되지 않은 감정이 심각한 불균형을 만듦.
* 생각 과잉(빠른 사고; ADD 참고): 삶이 당신의 통제 밖에 있음; 멍청함; 열등함; 어울리지 못함; 부정적인 자기 인식; 스스로 생각하는 것이 허용되지 않음; 자신을 증명해야 할 필요; 충분히 좋지 않음.
* 생리통: (월경통 참고)
* 설사: 당신이 받아들일 수 없는 것을 거부함; 누군가 또는 무언가와 끝내고 싶어 함; 상황으로부터 도망침; 질서에 집착함; 현재의 무언가에 대한 두려움.
* 섬망: 억압되거나 억눌린 욕망이나 두려움; 표면으로 드러나는 억

압된 기억; 억압적이거나 부정이 지배적인 가정에서 자람.

* 섬유근육통: 탈진; 충분히 좋으려면 성과를 내야 함; 완벽해야 할 필요; 다른 사람들이 어떻게 생각할지 두려워함; 불신; 죄책감; 자기 부인; 갇힘; 과거 트라우마; 생각과 감정을 보류함; 피해자 의식.
* 섬유종 및 낭종: 자존심이 상처 입음; 표현되지 않은, 해결되지 않은 상처 및, 또는 죄책감; 수치심; 내면의 혼란; 과거의 상처; 거부.
* 섭식 장애: 통제력을 잃을까 두려워함; 자신에 대한 나쁜 감정; 완벽해야 할 필요; 자신을 못생겼다고 봄; 과거의 해결되지 않은 트라우마; 사랑받지 못함; 방치됨; 다른 사람들에 의해 판단됨; 충분히 좋지 않음; 다른 사람들을 지나치게 통제한다고 봄.
* 성기: 무감각; 분리됨.
* 성병: 처벌받아 마땅하다고 여김; 성적 역사에 대한 죄책감.
* 소아마비: 배신당함; 지지받지 못함; 신체적으로 제한됨; 부족에 대한 두려움; 지지하지 않는 가정에서 자람.
* 소장: 길을 잃음; 취약함; 버려짐; 멍함; 불안정; 불신; 의심; 빈약한 자기 이미지; 감사받지 못함; 쉽게 압도됨.
* 소화불량: 모든 사람이 당신에게 반대함; 부조화; 모든 것을 위해 싸워야 함; 불안정; 부적절함; 분개; 불안; 직업과 안전을 잃을까 두려워함; 박해받는다고 느낌.
* 소화성 궤양: 무가치함; 사람들을 기쁘게 하려 함; 충분히 좋지 않음; 억압된 분노; 두려움; 초조함; 실패에 대한 두려움.

* 손 문제: 기회 부족에 실망; 조종당함; 결과/결정에 대한 죄책감; 불안; 실패에 대한 두려움; 삶의 세부 사항에 어려움; 앞으로 나아가기를 두려워함.
* 손 문제(경련): 자신의 능력에 대해 갈등함; 서툰 의사소통자; 언어적 의사소통에 어려움.
* 손 문제(관절염): 경직됨; 완벽주의; 통제적임; 자신과 다른 사람을 지나치게 비판함; 융통성 없음; 손에 반영된 억압된 감정.
* 손 문제(땀): 실수하는 것을 두려워함; 무능력함; 바보처럼 느낌.
* 손 문제(오른쪽): 주는 것에 어려움; 공격적임; 새로운 아이디어를 두려워함; 기회 부족; 앞으로 나아가기 어려움.
* 손 문제(왼쪽): 받아들이기 어려움; 수동성.
* 손가락: 삶의 세부 사항을 다루기 어려움; 제한된 상상력; 제한된 영감과 창의성; 상실에 대한 두려움; 너무 열심히 노력함; 형편없는 방향 설정; 사회적 지위에 대해 걱정.
* 손가락(검지): 두려움과 분개에 의해 영향을 받음.
* 손가락(새끼): 가식, 속임수, 용서하지 않음에 의해 영향을 받음.
* 손가락(약지): 슬픔, 삶의 세부 사항을 다룰 수 없음에 의해 영향을 받음.
* 손가락(엄지): 걱정; 우울증; 증오스러운 생각; 불안; 죄책감; 자기 보호.
* 손가락(중지): 분노, 쓰라림, 성 정체성에 의해 영향을 받음.
* 손목터널 증후군: 인생은 불공평함; 무력함; 불의를 당하거나 불의를 느낌.
* 손톱: 불안; 완벽주의; 변화를 회피함; 보호받지 못함; 무관심 또는

무감각; 불안정한 가정에서 자람.

* 손톱 물어뜯기: 불만족스러운 욕망; 부모에게 앙심을 품음; 좌절.
* 손톱 물어뜯기: 자기 파괴에 대한 욕망; 권위에 저항; 작은 세부 사항들을 지나치게 분석함.
* 송과선(松果腺=뇌내분비선): 내면의 시각과 청각에 해당; 새로운 이해와 깨달음을 받기를 거부함; 믿음의 오용; 낙담; 방향 부족; 직관, 동기, 상상력, 깨달음, 그리고 에너지 부족; 불균형.
* 수면 무호흡증: 실망; 용서하지 않음; 쓰라림; 과민성; 거부에 대한 두려움; 사랑받지 못함; 죄책감; 수치심; 기쁨에 저항; 억압된 감정.
* 수종(복부의 체액): 놓아주지 않음; 변화에 저항; 과거에 집착함; 나쁜 일이 일어날까 두려워함; 변화를 회피함; 부담을 지고 있음; 도움을 요청하기를 두려워함; 소외되고 지지를 잃을까 두려워함; 사랑을 잃을까 두려워함.
* 습진: 지나치게 민감함; 해결되지 않은 상처 입은 감정; 무언가를 하는 것이 방해됨; 무언가를 하는 중에 방해받음; 좌절; 해결되지 않은 짜증.
* 시상하부(視床下部=신체조절센터): 격노; 불안정; 불쾌감; 슬픔; 불안.
* 식도 문제: 무엇을 먹어야 할지, 먹을지에 대한 우유부단함; 불신; 거부; 삶의 초기에 음식 문제.
* 식욕 부진: 다른 사람에 대한 잘못된 인식; 불신; 우울증; 지나치게 사랑받지 못함, 받아들여지지 않음, 또는 보호받지 못함.
* 식중독: (위염 참고)

* 신경: 억압된 감정/생각; 과거를 놓아줄 수 없음; 불신; 통제적임.
* 신경 쇠약: 억압된 감정; 미래에 대한 두려움; 무력함; 감정에 불편함; 자기중심적; 불안; 실망; 움츠러듦; 긴장; 대처할 수 없음.
* 신경과민: 감정을 적절하게 소통할 수 없음; 미래에 대한 두려움; 불안; 혼란스러운 사고.
* 신경병증: 받아들여지지 않음; 움츠러듦; 불신; 감정 부인; 사랑을 보류하고 불신함.
* 신경염: 쉽게 짜증; 짜증나는 상태 때문에 힘이 무력화됨.
* 신경증: 과부하; 압박감; 멈출 수 없음; 그만둘 수 없음.
* 신장 문제: 두려움; 공포; 통제력 부족; 지나치게 비판적임; 무감각; 정서적 혼란; 마비된 의지; 적대감; 강박; 과거의 사람과 경험에 대한 깊은 분개; 다른 사람들에 대한 근거 없는 비판; 수치심, 지나치게 사색적임.
* 신장 문제(신장 결석): 분노; 부정적인 생각; 억압된 감정; 가까워질 수 없음; 요구를 충족시킬 수 없음; 어린 시절에 자주 비난받음.
* 신장염: 실망; 실패감; 삶의 불공평함.
* 실명: 압도됨; 삶을 다루기 어려움; 해결되지 않은 두려움; 도망치고 싶은 욕망.
* 실신: 현재에 대한 두려움; 대처할 수 없음; 삶을 "공백 상태로 만듦"; 무력함.
* 실어증: 단어를 형성하기 어려움; 의견이 존중받지 못함; 보이지만 들리지 않음; 잘못된 것을 말할까 두려워함.
* 심근경색: (심장 발작 참고)

* 심장 문제: 불균형한 기쁨; 감정 부족; 연민 부족; 거부; 분개 및 또는 상처; 다른 사람들에 대한 불만; 어려운 가족 문제; 다른 사람과 자신을 용서하지 않음; 책임에 저항; 상처 입히는 관계.
* 심장 문제(세동): 외로움; 고립됨; 단절됨.
* 심장 문제(심장 잡음): 사랑받지 못함; 자궁 내에서 양가적 수용.
* 심혈관 질환: 초조함; 성급함; 경쟁하고 성취하도록 내몰림; 낮은 자존감; 일들이 더 빨리 진행되기를 바람.
* 십이지장 문제: 충족되지 않은 의존성 욕구, 외로움; 방치됨; 삶의 무익함에 압도됨; 방치하고 박탈하는 가정에서 자람.
* 아구창: 나쁜 선택으로부터의 분노; 불신; 혐오; 부정적인 생각.
* 아바시아(다리 기능 장애): 똑바로 생각하기 어려움; 쉽게 산만해짐; 일이 잘 풀리지 않을까 두려워함.
* 안구 건조증: 슬픔을 표현할 수 없음; 감정적으로 냉담하거나 죽은 상태; 과거로부터의 잘못된 인식을 가짐; 울 수 없음.
* 안면 마비: 자신을 표현하기를 꺼림; 자제력을 잃을까 두려워함; 자신에 대한 비판적 태도; 내적 분노; 침범적이고 억압적인 가정에서 자람.
* 알레르기: 억압된 감정, 특히 눈물; 변화에 저항; 감정 표현에 대한 두려움; 억눌림; 자신의 힘을 부인함.
* 알레르기(환경적): 통제에 집착함; 짜증; 불안; 억압된 감정; 사람들에게 지나치게 반응함; 거부; 사랑받을 자격이 없다고 느낌; 사랑에 대한 기대가 없음; 표현되지 않은 슬픔과 절망.
* 알코올 중독: 대처할 수 없음; 무익함; 양가적(兩價的)임; 무가치함; 자기 거부; 거짓된 삶을 살고 있음; 죄책감, 부적절함; 해

결되지 않은 부정적인 감정; 다른 사람들의 부정적인 말을 믿음; 감정에 대한 방어적 태도.

* 알츠하이머병: 대처하는 것에 지침; 더 이상 삶을 직면할 수 없음; 통제 불능; 열등감; 불안정; 억압된 분노; 자신만의 작은 세계에서 삶; 절망과 무력감.
* 암(다발성 골수종): 비밀이나 슬픔에 시달림; 상처, 쓰라림, 또는 분개를 품음; 부담스러움; 조용한 고통; 억압된 감정.
* 암(여성 장기): 억압된 분노(보통 남성 권위에 대한); 공허함; 해결되지 않은 분개, 억압된 적대감; 자기 거부; 절망; 억압된 외로움; 부모와의 관계 불량; 상실에 대처할 수 없음; 절망/무력감; 억압; 우울증; 증오, 복수, 또는 질투; 신성한/영적인 도움에 저항; 살고 싶은 욕망 부족.
* 암(위): 비난; 증오스러운 생각; 악의적인 감정; 복수하고 싶은 욕망; 용서하지 않음.
* 암(자궁): 다른 사람들에게 쉽게 짜증; 분노; 순교자처럼 느낌.
* 암 (자궁경부): 억압된 분노.
* 암 (허리 아래): 행복한 가면을 쓴 내적 갈등; 무거운 부담; 해결되지 않은 감정.
* 암(혈액, 백혈병): 우울증, 분노 또는 악의.
* 암(흑색종): 좌절; 다른 사람들에게 짜증; 상처와 분개; 깊은 슬픔; 증오스러운 생각; 용서하지 않음; 감정을 보류함; 깊은 실망; 사랑받을 수 없다고 느낌; 분노.
* 야뇨증: 두려움; 거부; 무가치함; 분노; 상황에 대한 통제력 부족; 불안; 자신/다른 사람에 대한 불신.

* 양극성 장애(조울증): 불안정; 무질서; 균형을 잃음; 통제 불능; 통제에 대한 필요; 스트레스에 짓눌림; 쉽게 압도됨; 자궁에서부터 불안정했음.
* 어깨: 부담스러움; 책임감에 스트레스 받음; 경계 설정에 어려움; 억압된 감정; 불만족스러운 욕망; 감정 표현에 어려움; 친밀감 문제; 외로움.
* 어깨(구부정하고 처짐): 삶이 투쟁임.
* 어깨(둥근 어깨): 절망; 무력함.
* 어지러움: 과부하, 대처할 수 없음; 현실을 받아들이지 않음; 해결되지 않은 분노; 쌓인 분개; 불필요하게 다른 사람들의 부담을 짊어짐.
* 엉덩이(Hips): 현재 상황을 받아들이기를 거부함; 신체적 경험을 부인함.
* 에디슨병(Addison=만성부신기능저하증): 자기 이해 부족; 자기 분노; 감정을 이해할 수 없음; 자신에게 무자비함.
* 에너지 고갈(부족): 해결되지 않은 슬픔; 매일의 투쟁에 지침; 그만두고 싶어 함, 우울증, 절망, 사기 저하.
* 에스트로겐(Estrogen) 호르몬 문제: 여성성, 정체성에 대해 갈등함; 거부; 여성스럽지 않다고 느낌; 쉽게 영향받음.
* 에이즈: 무방비 상태; 절망적; 보살핌 받지 못함; 무가치함; 자기 부인; 뿌리 깊은 분노.
* 엡스타인-바 바이러스(EBV=단핵구증): 재능을 충분이 사용하지 못함; 절망과 격노; 정신적, 정서적 고통; 다른 사람들에 의해 통제됨; 목적과 방향 감각 부족; 자기 거부.

* 여드름: 죄책감, 자기 거부, 자기혐오; 불쾌한 현실을 부인함; 문제를 직면하기를 꺼림.
* 여드름: 해결되지 않은 좌절; 과거의 분노가 다시 나타남; 자기 불만.
* 여성 건강 문제: 성 정체성에 대한 정서적 막힘; 성적 역할의 부적절함; 성생활에 대한 두려움이나 죄책감; 과거를 "놓아주기를" 거부함; 여성적 본성을 거부함; 배우자에게 정서적으로 막힘.
* 역류성 식도염: 버려질까 두려워함; 제한적임; 억압된 감정; 미래에 대한 두려움.
* 연쇄상구균 인후염: 불공평하게 판단 받음; 자신을 표현하기 어려움; 분개; 욕구 표현을 억압함; 욕구를 박탈당함; 지지받지 못함.
* 열: 분노를 표현할 수 없음; 저항적임; 내면에서 "타오르는" 분노; 질서 부족에 짜증; 과거를 붙잡음.
* 열공 탈장(위장질환): 비판; 분개; 부담스러움; 현재 상황에 대한 불만.
* 영양소 흡수 불능: 자기 거부; 불신; 비관주의; 실망을 예상함.
* 오십견: (어깨 참고)
* 옻나무나 담쟁이덩굴 중독: 지지받지 못함; 무방비 상태; 무력함; 제한적이고 억압적인 가정에서 자람.
* 요실금: 감정을 통제해야 할 필요; 압도적인 감정.
* 요로 감염: 다른 사람을 비난함; 쉽게 짜증; 자신감 부족; 놓아줄 수 없음; 절망; 버려짐/취약성 문제; 사랑받지 못함.

* 용종: 감정적으로 과거에 갇힘; 과거의 감정을 풀어놓기를 거부함; 앞으로 나아갈 수 없음; 감정 없음; 두려워함; 안전하지 않음; 불신.
* 우울증: 삶에 대한 무관심; 낙담; 절망; 비관주의; 죄책감; 무가치함; 무력함; 억압된 분노; 충분히 좋지 않음; 지지받지 못함; 마음의 공허; 자주 상처받음; 해결되지 않은 상처와 실망.
* 울혈성 심부전(심장 펌프기능 저하증): 거부; 버려짐; 사랑받지 못함; 고립; 절망; 과거의 문제로 인한 상한 마음.
* 원시: 억압된 분노; 삶에서 외부에 초점을 맞춤.
* 월경 문제: 죄책감; 자기 거부; 불만; 여성으로서의 역할에 대한 두려움; 여성으로서 기쁨이 없음.
* 월경 전 증후군(PMS): 다른 사람들에게 힘을 포기함; 자신의 여성적 측면을 거부함; 분노와 절망.
* 월경통: 자기 분노; 자신을 용서할 수 없음.
* 위: 불안정/안전하지 않음; 새로운 아이디어에 대한 두려움; 애정 부족; 불행; 다른 사람들의 성공을 비난함; 초조함; 혐오; 성급함; 물질적인 것에 집착.
* 위경련: (위염 참고)
* 위궤양: (소화성 궤양 참고)
* 위염: 불확실성; 불안; 파멸적인 생각; 두려움.
* 유당 불내증: 어머니에게 거부됨; 부적절함; 자기 거부; 충분히 좋지 않음; 어린 시절부터 해로운 메시지를 받음.
* 유산: 나쁜 타이밍에 대한 두려움; 미래가 무엇을 가져올지에 대한 두려움; 아기에 대한 책임에 대한 두려움; 자신이나 짝과

평화롭지 않음.

* 유양돌기염: 들리는 것을 듣고 싶은 욕망이 없음; 이해에 영향을 미치는 두려움; 소외감을 느낌.
* 음경: 다른 사람들을 지배하는 것을 좋아함; 성적 수행에 대해 불안; 가족에게 무시와 경시됨; 차이를 만들 수 없음; 자신을 증명해야 할 필요.
* 이명: 내면의 목소리를 인정하기를 거부함; 듣지 않음; 트라우마로 인한 청력 손실; 언어적 학대; 억압된 감정.
* 이질: 두려움; 부당한 대우; 억압받음; 위험에 처함; 무력함; 일반적인 권위나 통제 부족; 무관심하거나 적대적인 가정에서 자람.
* 인두편도: 가정 내 부조화; 제한됨; 수용 없이 또는 적대감 속에서 자람; 환영받지 못함; 방해가 됨.
* 인후염: 억압된 정서적 욕구; 상실에 대한 분노; 다른 사람들로부터 고립됨.
* 입술 포진(열성 포진): 억압된 분노; 책임에 대한 압박이나 부담; 압박에 대처할 수 없음; 부담에 분개함.
* 잇몸 문제: 기쁨이나 만족 부족; 실패에 대한 두려움; 슬픔; 내적으로 갈등함; 우유부단함; 무력함; 양육에 부적절함.
* 잇몸 출혈: 결정한 것들에 대해 기쁨을 느낄 수 없음.
* 자가면역 체계: 겉으로는 웃고 속으로는 울고 있음; 삶을 다룰 수 없음; 다른 사람들의 질병/부담에 대한 책임감; 장기간 축적되고 억압된 감정이 내부에서 자신을 파괴함; 깊은 슬픔/절망.

* 자궁: 어머니에 대한 해결되지 않은 감정; 창의성에 대한 부정적인 감정.
* 자궁내막증: 깊이 뿌리박힌 해결되지 않은 슬픔; 좌절; 불안정; 자기애 부족; 문제들을 다른 사람 탓으로 돌림.
* 자살 충동: 문제를 해결할 수 없음; 미래에 대해 비관적임; 낙담; 양가적임; "내가 없으면 모두가 더 나을 거야".
* 장: 다른 사람들을 불쾌하게 할까 두려워함; 통제적임; 충분하지 않을까 두려워함; 통제력 부족에 대한 두려움; 소유욕; 더 이상 유용하지 않은 오래된 아이디어를 버리는 것에 대한 두려움.
* 장 질환: 동화할 수 없음; 과거에 삶; 편안한 구역에 머물고 싶은 욕망; 변비.
* 장 질환(장경련): 삶에서 앞으로 나아가기 어려움; 불신.
* 저장강박증(Hoarding disorder): 버려짐의 문제; 사랑받지 못함; 공허함; 슬픔; 불만족; 슬픔; 행복을 찾는 데 어려움; 모든 것을 잃을까 두려워함; 정체성, 목적, 그리고 친밀감을 찾고 있음; 해결되지 않은 과거의 상실.
* 저체중: 걱정; 두려워함; 불신; 극심한 긴장.
* 저혈당증: 압도적으로 부담스러움, 기쁨 없음.
* 저혈압: 패배함; 분개; 사랑받지 못함; 불안; 안전하지 않음.
* 적혈구 감소증: (빈혈 참고)
* 전립선 문제: 성에 대해 갈등함, 해결되지 않은 분노; 과거를 놓아줄 수 없음; 노화에 대한 두려움; 포기하고 싶음; 억압된 감정, 생각 없음; 고갈됨; 성적으로 집중함; 둔한 기억; 이기심.

* 전립선암: 제한받는 것에 대한 억압된 분노.
* 전환 장애(Conversion disorder=신경학적 이상이 없는데 신체 증상이 발생): 미성숙; 성장하는 것에 저항; 요구적임; 책임이나 설명 책임을 회피함; 다른 사람들에 의해 아이처럼 대우받음.
* 점액낭염(관절, 근육, 힘줄 사이 윤활주머니의 염증): 불안; 억압된 분노; 통제 불능; 상황을 바꿀 수 없어 무력함; 긴장; 폭력적인 충동; 좌절.
* 정강이: 불안정; 버려짐; 어린 시절에 보살핌 받지 못함; 우유부단함; 변화에 저항; 잘못된 신념과 가치관.
* 정맥류: 긴장; 도망치고 싶은 욕망; 낙담; 과도한 부담; 부정적임; 진실에 저항; 과도한 부담.
* 정맥염: 갇힘; 벗어날 방법이 없음; 삶의 문제들이 해결 불가능해 보임.
* 정서적 학대: (부상 참고)
* 정신: 지나치게 분석함; 미지에 대한 두려움.
* 정신 이상: 과거를 놓아줄 수 없음; 도망치고 싶은 욕망; 움츠러듦; 대처할 수 없음; 가족으로부터 도망치고 싶은 욕망.
* 정자 수(적음): 부모가 될 준비가 되지 않았다는 무의식적 믿음; 자녀에 대한 욕망 부족; 부모로서 부적절함; 남성으로서 충분히 좋지 않음, 두려워함.
* 젖산증(乳酸症=젖산과다): 가족 금기; 사회적 제한; 도덕적 억제; 표현되지 않은 열정; 억압된 감정; 자유 부족.
* 족하수(발목을 들어 올리기 어려움): 행동하거나, 문제를 일으키

거나, 앞으로 나아가기를 두려워함; 지나치게 보수적임; 기본적인 가치와 신념을 배신할까 두려워함.

* 종기: 내면에서 분노가 끓어오름; 박탈감; 분개; 배신; 삶에서 방해받음; 어린 시절에 사랑과 기쁨을 거부당함.
* 종양(Growths): 잘못된 자부심; 분노; 분개; 신성한 도움을 받아들이기를 꺼림; 억압된 상처; 영적 이해와 가치관의 불균형.
* 종양(거짓 성장): 억압된 상처; 후회; 증오; 분노; 잘못된 가치관; 교만; 용서하지 않음; 분개; 부모로부터 멀어짐.
* 좌골신경통: 창조적 능력에 대한 불안; 두 마음; 성적 좌절; 돈 걱정; 무시당함; 패배함.
* 주사(딸기코): (코 문제 참고)
* 주의력 결핍 과잉 행동 장애(ADHD; ADD에 다음 증상 추가): 멈출 수 없음; 무언가를 놓칠까 두려워함; 따라갈 수 없음; 혼란, 초조함; 나쁜 일이 일어날까 두려워함; 걱정; 과거/현재의 트라우마/혼돈으로 인한 과도한 경계심으로 인한 불안.
* 주의력 결핍 장애(ADD; "생각 과잉"과 동일): 생각이 멈추지 않음; 삶이 통제 불능; 자신이 바보 같거나 "열등하다"고 느끼게 됨; 어울리기 어려움; 자신에 대해 좋게 느끼지 않음; 스스로 생각하는 것이 허용되지 않음; 자신을 증명해야 함; 어머니가 임신 중에 불안하여 부신이 지쳐버림; 과거의 트라우마, 두려움, 혼돈.
* 중독: 자신에 대한 불만; 자기 거부; 절망; 명확하거나 올바르게 생각 못함, 인지할 수 없음; 자신으로부터 도망침; 영혼의 공허; 감정을 회피함; 사랑받지 못함; 불만족, 충동적임.

* 중증 근무력증: 겉으로는 웃고 속으로는 울고 있음; 상황을 바꿀 수 없는 무력함; 깊이 뿌리박힌 슬픔; 포기하고 싶음; 변화를 두려워함.
* 지방(과체중, 비만): 보호에 대한 필요; 용서하기를 저항; 억압된 분노.
* 지연성 운동이상증: 실패; 앞으로 나아갈 수 없음; 자신감 부족.
* 질: 성적 죄책감; 자기 거부; 상실; 충분히 좋지 않음; 섹스, 취약성에 대한 두려움; 비판적인 가정에서 자람.
* 차멀미: 세상에 대한 두려움; 속박에 갇힘; 잠재의식적인 분노.
* 천남성 중독: (식중독 참고)
* 천연두: 제한에 대한 격노; 규칙에 분개; 자기 비판적임.
* 천장관절(薦腸關節=엉치뼈와 골반뼈가 만나는 관절) 문제: 잘못된 장소에 있음(직장, 도시, 관계 등); 억압된, 갈등하는 성적 정체성; 위험에 처함; 방향 부족, 갇힘.
* 천식: 어린 시절의 두려움 속에서 다시 삶; 의존성에 대한 필요; 만성적인 불안과 두려움; 무의식적인 의존 욕구; 부모에게 지배받음; 부당한 대우에 항의할 수 없음; 지나치게 민감함; 억압된 슬픔/울음; 억눌림.
* 청각 장애: 무슨 일이 일어나고 있는지 듣고 싶어 하지 않음; 낮은 자존감; 고립에 대한 욕망; 자기애 부족; 자신만의 작은 세계에서 삶.
* 청력 문제(귀 참고)
* 척수막염: 해결되지 않은 격노; 억압된 분노.
* 췌장: 판단받음; 죄책감; 낮은 자존감; 억압된 웃음; 자기 가치 부

족; 배신당함; "모든 사람이 나에게 빚을 졌다"고 생각함; 기쁨 없음; 기쁨을 거부함; 이기적임; 거부됨; 삶에 대해 낙담; 분노; 분개; 비판적임; 다른 사람들을 거부함; 쓰라림.

* 축농증: (부비동 참고)
* 충수염: (맹장염 참고)
* 치매: 절망적이고 무력함; 끊임없는 투쟁에 지침; 해결되지 않은 분노; 쓰라림과 혐오; 분노와 분개; 무관심하고, 요구적이거나, 사랑 없는 가정에서 자람.
* 치은염: 우유부단함에 대한 자기 분노.
* 치질: 장기적으로 부담스럽다는 인식; 압박감; 불안; 두려움 또는 긴장; 놓아줄 수 없음.
* 치질: 장기적으로 부담스러움; 압박감; 불안; 두려움 또는 긴장; 놓아줄 수 없음.
* 치아: 우유부단함; 자신감과 자기주장 부족; 압도적인 책임감; 구원자; 친밀감에 저항.
* 치아(치통): 자격 없음; 책임감 과부하; 자신감 부족; 수치심.
* 칸디다증(Candida infection=곰팡이균 감염): 내면의 끓어오르는 분개; 다른 사람들을 비난함; 무력함; 해결되지 않은 부정적인 감정.
* 코: 실망; 환멸; 절망; 무력함; 불신; 자기 믿음 부족; 지나친 자기의식.
* 코골이: 상한 마음; 지나치게 책임감 있음; 비난받음; 놓아줄 수 없음.
* 코피: 간과됨; 무력함; 중요하지 않다고 느낌.

* 콜레스테롤: 행복할 자격이 없다고 느낌; 자신에게서 기쁨을 부인함.
* 크론병(Crohn's = 만성염증성장질환): 좋은 식별력 부족; 불안정; 충분히 좋지 않음; 불신; 자격 없음; 삶에서 박탈당함; 다른 사람들에 의해 가치 있게 여겨지지 않음; 자기 불만.
* 탈모: 자신에게 자유가 없음; 인정을 받을 자격이 없다고 느낌; 부적합하고 무가치하다고 느낌.
* 탈장: 분노; 부담스러움; 자기 처벌; 감정적으로 무관심함; 과거 관계로부터의 해결되지 않은 상처.
* 턱 문제: 격노, 복수하고 싶은 욕망, 불안한 느낌, 감정을 표현할 수 없음, 세상에서 차이를 만들 수 없음, 분개.
* 턱 문제(TMJ 증후군): 억압된 분노; 불신; 불안; 삶에 좌절; 비현실적인 기대.
* 턱관절 장애: 격노; 통제하고 싶은 욕망; 억압된 감정.
* 턱관절 장애(턱 문제 참고)
* 토혈: (구토 참고)
* 통증: 외로움; 사랑받지 못함; 포옹받고 사랑받고 싶어 함; 꾸짖음과 좌절; 슬픔.
* 통증: 하나님이 당신의 주의를 끌려고 하신다는 신념; 억압된 분노; 상처 입히는 관계; 죄책감; 불균형; 좌절.
* 통풍: 다른 사람들을 가혹하게 판단함; 성급함; 지배하고 싶은 욕망; 억압된 분노; 다른 사람들과 세상을 거부함.
* 퇴행성 관절염: 관절염 참고
* 튀어나온 눈: (갑상선 문제 참고)

* 트림: (가스, 소화불량 참고)
* 티눈: 과거의 상처를 붙잡음; 딱딱한 감정; 과거에 지나치게 집중함.
* 파킨슨병: 완전한 통제를 원함, 통제하지 못할까 봐 두려워함; 취약함; 안전하지 않고 보살핌 받지 못함; 외로움; 삶에 대한 믿음 부족.
* 파젯병(Paget's=피부질환): 보살핌 받지 못함; 버려짐; 지지받지 못함; 어린 시절에 애정과 감정을 박탈당함.
* 팔 문제: 삶의 경험들을 붙잡는 데 어려움; 아이디어를 이해하기 어려움; 당신이 해야 한다고 생각하는 확신이나 인식들을 지지하기 어려움; 성과 미달에 대한 불안과 두려움.
* 팔꿈치 문제: 새로운 경험을 받아들이거나 초점을 바꿀 수 없음; 성취나 자신감에 저항; 다른 사람들의 요구에 대한 두려움; 이용당함.
* 편두통: 삶에서 앞으로 나아갈 수 없음; 압도됨; 자신의 속도로 나아가고 싶은 욕망; 밀려나는 것을 싫어함; 분노; 압박이나 스트레스를 다룰 수 없음; 통제하고 싶은 욕망, 억압된 감정.
* 편도선: 두려움; 분노; 짜증; 자신의 뜻대로 되지 않음; 자기 표현을 두려워함.
* 편집증: 다른 사람들을 신뢰하기를 두려워함; 상처받을까 봐 두려워함; 용서하지 않음; 모든 사람이 당신을 다치게 할 것이라는 두려움; 친밀함에 대한 두려움; 과거에 중요한 사람들에게 상처받음; 해결되지 않은 과거 트라우마.
* 평발: (발 문제 참고)

* 폐: 해결되지 않은 슬픔과 상실; 슬픔; 인정 부족; 감사받지 못함; 사랑하는 사람에게 상처받음; 삶이 단조로움; 생각의 명확성 부족; 고뇌; 사랑에 저항.
* 폐(늑막염): 분개, 공동 의존, 사랑받지 못함, 지지받지 못함.
* 폐경기: 늙어가는 것에 대한 두려움; 원치 않음; 거부됨; 쓸모없음; 사랑받지 못함; 충분히 좋지 않음; 목적 부족.
* 폐기종: 살 가치가 없다고 느낌; 삶을 최대한으로 사는 것에 대한 두려움.
* 폐렴: 피로; 절망; 지지받지 못함; 억압된 슬픔/상실; 불신; 과거로부터의 해결되지 않은 상처.
* 포진: 죄책감; 수치심; 불안; 분노; 자기 거부.
* 폭식증: 잘못된 자기 이미지; 자기 거부; 자제력 부족; 불만족; 충족되지 않은 욕구; 자기 경멸; 다른 사람들에 미치지 못함; 통제적이고 제한된 가정에서 자람.
* 폭식증(강박적): 긴장; 물질적/감정적 결핍; 친밀함을 갈망; "감정적 갑옷"을 입음, 힘의 상징; "자신의 힘을 휘두르고" 싶은 욕망; 분노와 분개에 기반한 감정적 에너지.
* 피로: 삶에 저항; 지루함; 삶에서 자신의 위치에 불만족; 직업이나 관계 "번아웃".
* 피부: 불안정; 당황; 수치심; 죄책감; 열등감; 평화와 조화 부족; 불안한 감정; 짜증; 불안; 쉽게 짜증; 용서하지 않음, 비판적임, 사랑받지 못함.
* 피부(질병): 해결되지 않은 짜증; 비판받음; 불안정; 사소한 것에 의해 방해받음; 성급함; 지루함; 불안정.

* 피부(피부 발진): 내적 갈등이 다시 나타남; 사람/상황에 쉽게 짜증; 좌절; 비생산적임.
* 피부(피부염): 사람/상황에 쉽게 짜증; 억압된 짜증; 분노; 두려워함; 불안정함이 억압된 감정을 만듦; 만성적인 기능 부전 가정에서 자람.
* 피부염: 피부 참고
* 하지 불안 증후군: 통제하고 싶은 욕망; 분노; 통제력 부족; 무력함; 압도됨; 억압된 감정.
* 항문: 외부 조건에 의해 생존이 위협받음; 삶의 어떤 영역에서 무력함.
* 항문 직장 출혈: 삶의 대부분의 것에 대한 분노; 좌절.
* 해리성 정체성 장애(다중 인격): 불신; 상처받을까 두려워함; 아무도 안전하지 않음; 경계함; 과도한 경계심; 삶이 무섭고 예측 불가능함; 안전하지 않음; 움츠러듦, 다른 사람들을 가까이 두지 않음; 냉담함; 해결되지 않은 과거 트라우마.
* 허리 문제: 감정적 지지 부족; 감정적 어려움; 감정적으로 부담스러움; 좌절; 사람들이 "내 등에서 내려왔으면" 하는 바람.
* 허리 문제(상): 정서적으로 지지받지 못하거나 부담스러움; 좌절; 다른 사람들에게 사랑을 보류함; 초조하거나 불안함.
* 허리 문제(중): 죄책감; 자기 지지와 확신 부족.
* 허리 문제(하): 재정적으로 지지받지 못함; 돈 걱정; 약속에서 물러나고 싶은 욕망; 상처 입는 관계; 상황에서 도망치고 싶은 욕망.
* 허벅지: 앞으로 나아갈 수 없음; 미래에 대해 두려워함; 부적절함;

사랑받지 못함.

* 헌팅턴병(Huntington disease=유전성 뇌신경 퇴행 질환): 분개; 다른 사람들을 변화시켜야 할 필요; 절망; 무력함; 슬픔; 실패에 대한 두려움.
* 현기증: 부정적인 행동을 바꾸기 어려움; 압도적인 압박; 기쁨 없음; 어려운 현실을 다룰 수 없음; 안전하지 않음; 무거운 요구.
* 혈액 문제: 기쁨 없음; 정체된 생각; 삶의 흐름과 함께 갈 수 없음; 두려움.
* 혈액 문제(낮은 혈소판): 지나치게 책임감 있음; 경계 설정이나 자기 관리가 미흡함.
* 혈액 질환: 삶의 어떤 영역에서 무력함; 깊은 분노; 장기적인 악의; 강렬한 우울증.
* 혈우병: 경계를 설정하거나 "아니오"라고 말하기 어려움; 충족되지 않은 욕구.
* 혈전: 지나치게 보수적임; 제한적; 변화에 저항; 기쁨을 경험하기 어려움; 어린 시절에 어려운 변화를 다룸.
* 혐기증: (거식증, 식욕 부진 참고)
* 호지킨병(림프종): 인정에 대한 욕망; 충분히 좋지 않음; 자기 거부; 자신을 증명해야 할 필요; 기쁨 없음.
* 호흡기 문제(폐 참고): 사랑받지 못함; 외로움; 슬픔; 받아들여지지 않음; 무가치함; 받아들여지지 않음; 억압된 감정; 슬픔; 불만족스러운 야망.
* 홍반: (라임병 참고)

* 화병(화, 분노): (다양한 항목에서 분노 참조)
* 황달: 사랑받지 못함; 실망; 낙담; 혐오; 분개; 인정과 양육 부족.
* 회맹판(回盲瓣=소장과 대장 사이의 판막): 경직됨; 자기 파괴적임; 과거를 놓아줄 수 없음; 쓰라림; 권위주의적인 가정에서 자람.
* 회장염(回腸炎, Ileum): 충분히 좋지 않음; 자기 불만; 불안정; 미래에 대한 두려움; 상황을 개선하는 데 무력함, 특히 어린 시절에.
* 효모균 감염: 해결되지 않은 상처; 분개; 자신감 부족; 자신을 사랑하고, 지지하고, 받아들일 수 없음; 자신의 욕구 부인.
* 후두염: 말하기를 두려워함; 권위에 분개함; 감정 없음; 두려움; 분노; 쉽게 짜증.
* 후비루(콧물이 목뒤로 흐름): 속으로 울고 있음; 억압된 슬픔; 피해자 의식.
* 흉선: 박해받음; 괴롭힘 당함; "인생은 불공평해"라고 생각함; 보호받지 못함; 좋은 것에 대한 자격이 없다고 느낌.
* 흐릿한 시야: 눈이 보는 것을 받아들이기 어려움; 초점 맞추기 어려움; 사기를 꺾는 기능; 부전 가정에서 자람; 현실을 받아들이지 않음.
* 흡수 불능: (영양소 흡수 불능 참고)
* 힘줄: 놓아주기를 두려워함; 자기 거부; 불신; 통제하고 싶은 욕망; 자신을 용서할 수 없음; 앞으로 나아갈 수 없음.

참고 문헌

이 섹션의 참고 문헌은 크레이그 밀러의 수년간의 임상 관찰과 아래의 저자들에게 허락을 받아 작성되었습니다.

트루만, 카롤 K., 『Feelings Buried Alive Never Die…』(St. Geroge, UT: Olympus Distributing, 1991), 220-264.

미국정신의학협회, 『Diagnostic Statistical Manual of Mental Disorders, 5th Edition: DSM-5』(Washington, DC: American Psychiatric Publishing, 2016).

클락, 랜디 & 밀러, 크레이그, 『Finding Victory When Healing Doesn't Happen』(Mechanicsburg, PA: Apostolic Network of Global Awakening, 2015), 143-181.

부록

치유 기도의 단계들을 하나로 모으기

Healing

1. 각 기도 단계를 언제 사용해야 하는가?

(1) 초기 치유를 위한 기도

1단계: 치유를 위한 기도 (치유가 필요할 때는 언제든지 사용 가능)

(2) 감정, 기억 및 기타 문제들을 드러내고 풀어놓기 위한 기도

2단계: 트라우마를 풀어놓는 기도 (치유가 일어나지 않을 때 사용)

3단계: 가해자와 거짓 책임감 풀어놓기 (2단계 후에 사용)

4단계: 치유 기억의 완료 여부 결정하기 (2단계와 3단계 후에 사용, 기도 활동을 마치거나 다른 기억으로 넘어가기 전에 내적 치유가 완료되었는지 측정하기 위해)

5단계: 트라우마를 풀어놓는 사랑의 포옹 (다른 단계, 특히 2단계와 함께, 또는 억압된 감정과 기억을 풀어놓기 위한 기도와 동시에 사용)

(3) 영, 혼, 몸의 회복을 위한 기도

사랑의 포옹 (2단계가 완료된 후에 더 큰 계시, 향상된 마음과 몸의 통합, 그리고 하나님의 사랑과 위안에 대한 더 큰 감각을 받기 위해 사용).

① 트라우마 풀어놓기와 사랑의 포옹

② 위안과 계시와 사랑의 포옹
③ 마음과 몸의 연결 회복과 사랑의 포옹

6단계: 추가 치유 기도 (필요에 따라 단계들을 복사하여 사용할 수 있습니다.)

2. 치유가 필요한 사람들을 위하여

(1) 1단계: 치유를 위한 기도

① 묻기: 당신의 이름은 무엇입니까? 무엇을 위해 기도가 필요하십니까?
② 묻기: 당신의 마음과 몸의 상태가 느껴지는 강도 수준은 어느 정도입니까? (0-10의 통증 척도를 사용하며, 0은 전혀 통증이 없고 10은 극심한 통증입니다.)
③ 명령: 예수의 이름으로, 감정, 통증, 신체 상태에게 떠나라고 명령하십시오.
④ 묻기: 당신의 마음과 몸의 상태가 지금 느껴지는 강도 수준은 어느 정도입니까? (동일한 0-10 척도를 사용합니다.)
⑤ 어떤 치유에 대해서든 하나님을 찬양하십시오. 더 많은 치유를 위해 1-5단계를 반복하십시오.
⑥ 지시: 사람에게 그의 통증이나 상태가 아니라 하나님의 말씀에 초점을 맞춤으로써 치유를 믿는 법을 가르치십시오. 그의 모든 상처를 예수님께 드리도록 격려하십시오.

치유가 일어나지 않으면: 2단계로 계속하십시오.

(2) 2단계: 트라우마를 풀어놓기 위한 기도

① 묻기: "이 상태나 감정을 처음으로 경험했던 때가 언제인지 기억하십니까?"

a. 만약 상태에 대한 기억과 이유를 안다면…

묻기: "무슨 일이 일어났고 그것이 당신을 어떻게 느끼게 했는지 설명해주십시오." ②로 진행하십시오.

b. 만약 상태에 대한 기억, 이유를 모른다면…

묻기와 기도: "그 상태를 가지고 사는 것에 대한 당신의 감정을 설명해주십시오." 비슷한 감정을 유발했던 초기 기억들을 떠올리도록 기도하십시오. ②로 진행하십시오.

② 묻기: "과거의 기억을 생각하면서, 마음과 몸의 상태에서 느끼는 상처의 양을 평가해 주십시오." (0-10 척도)

③ 지시: "예수님(또는 다른 안전한 사람)이 기억 속에서 당신과 가해자/상황 사이에 서서 당신을 보호, 포옹하고 있거나 (아래 5단계 사랑의 포옹 참고) 보호막 안에 당신을 포옹하고 있는 모습을 상상하십시오."

④ 기도: "예수님의 이름으로, 감정적, 신체적, 시각적, 청각적, 세포 기억 트라우마를 저주합니다."

⑤ 기도: 예수님의 이름으로, 마음, 정신, 몸에 치유를 선포하십시오.

⑥ 묻기: "지금 당신의 마음과 몸에 있는 상처의 양을 평가해 주십시오." (0-10 통증 척도)

⑦ 어떤 치유에 대해서든 또는 예상되는 치유에 대해 하나님을 찬양하십시오.

⑧ 만약 치유가 일어나지 않으면: 더 이른 트라우마 문제들을 찾기 위해 검색 범위를 넓히고 1-8단계를 반복하십시오. 5단계(사랑의 포옹과 사랑의 토닥임)를 사용할 수 있습니다.

만약 치유가 일어나면: 3단계와 4단계를 계속할 수 있습니다.

⑨ 지시: 사람에게 그의 상태가 아니라 하나님의 말씀에 초점을 맞춤으로써 치유를 믿는 법을 가르치십시오. 그의 모든 상처를 예수님께 드리도록 격려하십시오.

(3) 3단계: 가해자와 거짓 책임감 풀어놓기

① 지시: 기도 사역자는 고통받는 사람에게 다음과 같이 말합니다. "예수님(또는 안전한 사람)이 당신과 가해자, 상황 사이에 서 있는 모습을 상상하십시오. 예수님(또는 안전한 사람)이 당신을 보호하는 가운데, 마치 가해자에게 말하는 것처럼 이 단어들을 큰 소리로 말하십시오."

* 당신이 나에게 한 일이 마음에 들지 않았습니다.
* 당신이 나에게 한 일은 불공평했습니다.
* 당신은 내가 (상처, 슬픔, 분노, 무력감 등)을 느끼게 했습니다.
* 나는 이제 선택권이 있다는 것을 깨닫습니다.
* 나는 상처와 고통의 감정을 예수님께 전가합니다.
* 이 감정들을 더 이상 짊어지고 가는 것은 내 책임이 아닙니다.
* 나는 이 감정들이 더 이상 나에 대한 어떤 권위도 가지지 않습니다.
* 나는 당신이 나에게 한 일을 예수님께 전가합니다. 당신은 더 이상 내 감정에 대한 권위가 없습니다.
* 나는 당신을 용서합니다.
* 나는 이 상황에 대해 어떤 거짓 책임감도 받아들인 것에 대해 회개합니다.
* 나는 당신이 이 상황을 고치려 노력하는 것을 놓아주기로 결정합니다.
* 나는 당신이 나를 어떻게 사랑해야 할지 몰랐다는 것을 깨닫습니다. 이것은 내 잘못이 아닙니다.
* 하늘에 계신 아버지, 저는 이제 아버지로부터 사랑을 받기로

선택합니다.

* 하늘에 계신 아버지, (부모님)이 할 수 없었던 방식으로 제 마음을 아버지의 사랑으로 채워주십시오.

* 예수님, 저에게 자유와 치유를 주심에 감사합니다.

(4) 4단계: 기억 치유의 완료 여부 결정

이 단계는 불건강한 감정이 완전히 풀어놓아졌는지, 또는 과거의 트라우마적 기억이 완전히 치유되었는지 판단하는 데 도움이 됩니다. 이렇게 해야 사역을 중단하거나 다른 기억을 다루러 넘어갈 수 있습니다.

① 과거 기억을 치유한 후, 그 사람이 그 기억 속의 더 어린 자신의 이미지를 상상하도록 하십시오.

② 기도 사역자는 "이제 그 기억이 치유되었다고 느끼는데, 그 기억 속의 더 어린 당신의 이미지를 생각할 때, 당신의 얼굴에 무엇을 보십니까?

미소, 찡그린 표정, 또는 무표정입니까?"라고 물어야 합니다.

a. 만약 미소라면: 그 사람에게 "그 과거 기억 속의 당신 자신을 생각할 때, '그 상황은 끝났고 나는 이제 그 기억 속에서 안전하다고 느낄 수 있습니다'라는 말이 참이라고 믿습니까, 아니면 거짓이라고 믿습니까?"라고 물으십시오.

만약 그가 그 말이 참이라고 말하면, 그가 받은 치유에 대해 예수님께 감사하게 하십시오. 이 활동은 끝날 수 있거나 다른 기억으로 계속될 수 있습니다.

만약 그가 그 말이 거짓이라고 말하면, 아래 ③으로 계속하십시오.

b. 만약 찡그린 표정이나 무표정이라면: 그 기억에서 여전히 어떤 감정을 느끼는지 물으십시오. 아래 ③으로 계속하십시오.

③ 2단계: 트라우마를 풀어놓는 기도의 1-7단계를 5단계: 트라

우마를 풀어놓는 사랑의 포옹과 동시에 반복하십시오.

④ 당신이 기도하고 트라우마가 치유되거나 줄어들었다고 여겨지면, 그 사람이 미소를 짓고 과거 기억 속에서 안전하다고 느낄 때까지 이 섹션의 1-3단계를 반복하십시오.

만약 여러 번 기도한 후에도 그 사람이 여전히 미소를 상상할 수 없다면, 비슷한 감정을 가진 이전 기억으로 검색 범위를 넓히고 이 섹션의 1-3단계를 반복하십시오.

(5) 5단계: 사랑의 포옹 – 혼, 영 풀어놓기 및 회복을 위한 세 가지 방법

① 트라우마를 풀어놓는 사랑의 포옹

지시: 사람들이 갇히고, 무감각하고, 멍하고, 혼란스럽고, 감정/기억/생각을 식별할 수 없거나, 다른 사람이나 하나님으로부터 사랑을 느낄 수 없거나, 일반적인 부정적인 생각과 감정을 가질 때 사랑의 포옹(또한 사랑의 토닥임)을 사용하십시오.

기도 사역자는 고통받는 사람을 위해 기술을 시연하면서 다음과 같이 말할 수 있습니다.

* "예수님(또는 다른 안전한 사람)이 당신을 포옹하는 것을 생각하면서, 팔을 가슴 위로 교차하여 손을 팔이나 이두박근에 올려놓으면 사랑의 포옹을 할 수 있습니다."
* "예수님(또는 다른 안전한 사람)이 당신에게 '사랑의 토닥임'을 주면서 당신이 얼마나 사랑받는지 알려주는 것을 생각하면서 한 손으로 다른 팔이나 이두박근을 부드럽게 토닥여 사랑의 토닥임을 계속하십시오. 당신은 각 손으로 팔을 번갈아 가며 토닥일 것입니다. 즉, 오른쪽, 왼쪽, 오른쪽, 왼쪽, 이렇게 번갈

아 토닥이세요. 편안한 심박수 속도의 두 배로 부드럽게 토닥이십시오." (또는 기도 사역자는 각 어깨에 손을 얹고 부드럽게 사랑의 토닥임을 줄 수 있습니다.)

선택적 말: "이 사랑의 토닥임은 당신의 마음이 원치 않거나 막힌 감정과 기억을 분류하고 풀어놓는 데 도움이 되도록 하나님이 창조하신 동일한 생물학적 기능을 자연스럽게 촉진합니다. 이것은 당신의 마음과 몸에 지유, 평온함, 치유의 느낌을 격려할 것입니다."

다음과 같이 말할 수 있습니다.

② 위안과 계시 사랑 포옹

지시: 트라우마를 풀어놓은 후에 이 사랑의 포옹(및 사랑의 토닥임)을 사용하여 평화, 평온, 자신감, 사랑의 느낌, 계시, 지도, 방향, 그리고 하나님으로부터의 안심을 증진시키십시오.

기도 사역자는 고통받는 사람을 위해 기술을 시연하면서 다음과 같이 말할 수 있습니다:

* "예수님(또는 다른 안전한 사람)이 당신을 포옹하는 것을 생각하면서, 팔을 가슴 위로 교차하여 손을 팔이나 이두박근에 올려놓으면 사랑의 포옹을 할 수 있습니다."
* "예수님(또는 다른 안전한 사람)이 당신에게 '사랑의 토닥임'을 주면서 당신이 얼마나 사랑받는지 알려주는 것을 생각하면서 한 손으로 다른 팔이나 이두박근을 부드럽게 토닥여 사랑의 토닥임을 계속하십시오. 당신은 각 손으로 팔을 번갈아 가며 토닥일 것입니다. 즉, 오른쪽, 왼쪽, 오른쪽, 왼쪽, 이렇게 번갈아 토닥이세요. 편안한 심박수 속도의 두 배로 부드럽게 토닥이십시오." (또는 기도 사역자는 각 어깨에 손을 얹고 부드럽게 사랑의 토닥임을 줄 수 있습니다.)

선택적 말: "이 사랑의 토닥임은 당신의 마음이 평화, 자신감, 사랑, 계시, 방향, 그리고 안심의 느낌을 받도록 돕기 위해 하나님이 창조하신 동일한 생물학적 기능을 자연스럽게 촉진합니다."

③ 정신-신체 연결 회복 사랑 포옹

지시: 이 사랑의 포옹(및 사랑의 토닥임)을 사용하여 마음과 몸의 통합과 정신적, 감정적 차단 및 정신, 몸, 영의 단절과 관련된 상태의 치유를 증진시키십시오.

기도 사역자는 고통받는 사람을 위해 기술을 시연하면서 다음과 같이 말할 수 있습니다:

* "예수님(또는 다른 안전한 사람)이 당신을 포옹하는 것을 생각하면서, 팔을 가슴 위로 교차하여 손을 팔이나 이두박근에 올려놓으면 사랑의 포옹을 할 수 있습니다."
* "예수님(또는 다른 안전한 사람)이 당신에게 '사랑의 토닥임'을 주면서 당신이 얼마나 사랑받는지 알려주는 것을 생각하면서 한 손으로 다른 팔이나 이두박근을 부드럽게 토닥여 사랑의 토닥임을 계속하십시오. 당신은 각 손으로 팔을 번갈아 가며 토닥일 것입니다. 즉, 오른손, 왼손, 오른손, 왼손을 번갈아 편안한 심박수 속도로 부드럽게 토닥이세요." (또는 기도 사역자가 각 어깨에 손을 얹고 부드럽게 사랑의 토닥임을 줄 수 있습니다.)

선택적 말: "이 사랑의 토닥임은 마음과 몸의 연결, 통합, 그리고 치유를 위해 뇌의 양쪽의 잠재적 통합을 돕도록 하나님이 창조하신 동일한 생물학적 기능을 자연스럽게 촉진합니다."

3. 마음과 몸의 연결을 위한 회복 기도

이 기도는 상태나 상황에 맞게 수정될 수 있습니다. 고통받는 사람에게 이 기도를 반복하게 하십시오.

> "예수님의 이름으로, 저는 제 마음에 해를 끼친 ㅇㅇ병을 저주합니다.
> 저는 이 부상에 대한 저의 부분에 대해 저 자신을 용서하고, 제 부상에 가해자들을 용서합니다.
> 저는 이 질병이나 진단의 어떤 부분이라도 받아들인 것을 회개합니다.
> 저는 이 부상과 관련된 모든 증상과 합병증뿐만 아니라 모든 감정적, 육체적, 또는 세포 기억 트라우마를 저주합니다."

기도 사역자는 아래와 같이 기도할 수 있습니다.

> "예수님의 이름으로, 저는 고통받는 ㅇㅇㅇ의 마음과 몸 사이의 연결이 끊긴 것, 그리고 이 불화를 일으키는 모든 감정적, 정신적, 의학적, 또는 신체적 기능 장애를 저주합니다.
> 예수님의 이름으로, 저는 마음과 몸의 모든 세포에 있는 전기적, 화학적, 자기적, 호르몬적, 그리고 신경학적 주파수가 조화롭고 균형을 이루도록 명령합니다.
> 예수님의 이름으로, 저는 고통받는 ㅇㅇㅇ의 마음과 몸이 하나님의 뜻대로 치유되고, 통합되고, 연합하여 기능하도록 명령합니다.
> 예수님의 이름으로, 저는 고통받는 ㅇㅇㅇ에게 하나님의 생명, 빛, 사랑, 그리고 평화의 영을 받도록 선포합니다.
> 저는 예수님의 피가 그의 마음과 몸에 치유와 온전함을 가져오

도록 기도합니다.
예수님, 치유해 주셔서 감사합니다.
예수님의 이름으로 기도합니다. 아멘. ”

(6) 6단계: 추가 기도

① 주의력 결핍 장애, 양극성 장애, 난독증 및 기타 출생 전 유래 상태

지시: 고통받는 사람에게 눈을 감고, 그의 마음이 얼마나 슬프고, 질주하고, 압도되고, 또는 불균형하게 느껴지는지 0-10의 척도로 평가하게 하십시오. (0은 완전한 건강, 10은 극심한 고통입니다.)

사람에게 손을 배에 올려놓게 하십시오.

그가 예수님이 그들에게 손을 얹으시는 것을 상상하며 자궁 속에 있는 자신을 상상하게 하십시오. 기도 사역자는 기도 대상자의 머리와 허리 아래에 손을 얹을 수 있습니다. (손을 얹기 전에 항상 허락을 구하십시오.)

고통받는 사람에게 기도 사역자를 따라 반복하게 하십시오.

"예수님의 이름으로, 저는 제 어머니의 자궁을 통해 이전 세대에서 저에게 전이된 ㅇㅇ질병을 저주합니다.
저는 어머니, 아버지, 그리고 그들 이전의 세대들이 ㅇㅇ질병을 전이한 것에 대해 용서합니다.
저는 이 ㅇㅇ질병을 거부하고 더 이상 제 삶의 일부가 되도록 허락하거나 인정 하지 않습니다.
저는 이 상태나 나에게 주어진 진단의 어떤 부분이라도 받아들인 것을 회개합니다.
예수님의 이름으로, 저는 이 진단과 관련된 모든 증상이나 합병증을 저주합니다.
저는 예수님을 제 마음에 영접하고, 주님의 생명, 사랑, 평화, 온전함, 그리고 제 마음과 몸의 회복을 받아들입니다. 예수님, 저를 치유하심에 감사합니다.
예수님의 이름으로 기도합니다. 아멘."

이 간단한 기도는 아이나 성인에 의해 언제든지 반복될 수 있습니다.

"어머니, 아버지로부터 나에게 유전된, 하나님으로부터 온 것이 아닌 어떤 죄성에 대해 용서합니다. 저는 제 마음이나 몸에 이 죄성을 받아들이지 않습니다. 하나님, 제 건강을 하늘에서와 같이 회복시켜 주셔서 감사합니다. 예수님의 이름으로 기도합니다. 아멘. "

다음으로, 기도 사역자는 고통받는 사람에게 이 기도를 할 수 있습니다.

"예수님의 이름으로, 저는 ㅇㅇ 질병을 거부하고 더 이상 인정을 하지 않습니다.
예수님의 이름으로, 저는 자궁 내 트라우마를 저주하고 마음과 몸의 모든 세포에 있는 전기적, 화학적, 자기적, 호르몬적, 그리고 신경학적 주파수가 하늘에서와 같이 적절한 통합과 극성을 가지고 정렬되고 균형을 이루도록 명령합니다.
예수님의 이름으로, 저는 마음과 몸에 평화와 건강한 기능을 선포합니다.
예수님, 치유하심에 감사합니다.
예수님의 이름으로 기도합니다. 아멘."

고통받는 사람에게 눈을 감고, 0-10 척도로 그들의 마음이 얼마나 슬프고, 광분하고, 질주하고, 압도되고, 불균형하게 느껴지는지 평가하도록 요청하십시오. (0은 완전한 건강, 10은 극심한 고통.) 숫자가 감소함에 따라, 마음이 0에 도달하거나 가능한 한 가까워질 때까지 위의 1-6번을 반복하십시오.

만약 숫자가 줄어들지 않거나 마음이 최소한의 개선만 보인다면, 다음을 사용하여 과거 트라우마 증상을 풀어놓음으로써 계속하십시오.

고통받는 사람에게 그가 겪었거나 현재 겪고 있는 트라우마, 상처, 걱정, 또는 극심한 짐에 대한 더 많은 정보를 요청하십시오. 2단계: 트라우마를 풀어놓는 기도를 사용하여 기도하십시오.

치유 기도 후에, 고통받는 사람에게 눈을 감고, 0-10 척도로 그의 마음이 얼마나 슬프고, 광분하고, 질주하고, 압도되고, 불균형하게 느껴지는지 평가하도록 요청하십시오. 숫자가 감소함에 따라, 그들이 마음을 0에 도달하거나 가능한 한 가까워질 때까지 위에 언급된 1-6번을 반복하십시오.

② 암 또는 기타 질병

고통받는 사람이 읽거나 기도 사역자를 따라 반복할 수 있습니다.

> "예수님의 이름으로, 저는 저에게 진단된 ㅇㅇ 질병을 저주하고 (상태의 이름)의 씨앗, 영, 쓴뿌리를 내쫓으며, 이 상태를 옮긴

모든 세대적인 영이나 뿌리를 저주합니다. 저는 이 진단을 받아들인 것을 회개하고, 진단을 내린 의료 전문가들을 용서합니다. 저는 이 상태와 관련된 어떤 개입에 대해서든 제 부모와 그들 이전의 세대들을 용서합니다. 예수님의 이름으로, 저는 과거와 현재로부터 이 상태에 기여한 사망, 두려움, 거절, 버려짐, 또는 다른 감정적, 육체적 트라우마의 영을 저주합니다.
예수님의 이름으로, 저는 이 상태에 영향을 받은 모든 장기, 뼈, 그리고 조직이 건강한 기능으로 회복되도록 명령하고, 마음과 몸의 모든 세포에 있는 전기적, 화학적, 자기적, 호르몬적, 신경학적 주파수가 조화롭고 균형을 이루도록 명령합니다. 예수님의 이름으로, 저는 몸에 있는 건강하지 않은 프리온(prion) 단백질을 저주하고, 제가 치유되었다는 믿음으로 살아가면서 영향을 받은 모든 부위의 건강한 세포가 정상적인 기능으로 회복되도록 선포합니다. 예수님의 이름으로, 저는 제 몸과 마음에 생명, 사랑, 수용, 평화, 하나님의 빛, 그리고 제 마음과 몸이 정상적으로 기능하도록 완전한 회복을 선포합니다. 예수님, 저를 치유하심에 감사합니다. 예수님의 이름으로 기도합니다. 아멘."

③ 하늘에 계신 아버지의 축복

기도 사역자는 고통받는 사람의 머리에 손을 얹고 이 축복 기도를 할 수 있습니다. 이 기도는 특정 상황이나 조건에 맞게 수정될 수 있습니다.

"우리의 하늘 아버지는 우리에게 이렇게 말씀하고 싶어 하십니다.
'나는 너를 보고 있고, 너를 매우 자랑스럽게 생각한단다. 나는 너를 매우 귀하게 여기고, 언제나 너를 믿을 거야. 네가 어떤 일을 했든 상관없이 나는 항상 너를 사랑해. 이것이 내가 너에 대해 진정으로 느끼는 감정이란다.
나는 너를 정죄하지 않는다.
나는 너의 삶에 나의 은혜를 부어주고 네가 잃어버린 것을 돌려주고 싶다.
나는 너에게 큰 축복을 선언하고, 네가 인생에서 성장하고 성공하는 것을 기대한단다.
나는 네가 나를 신뢰하고, 내가 너에게 주고 싶은 인도와 사랑을 위해 나를 바라보기를 원한다.
나는 너를 사랑한다. 나는 너의 하늘 아빠란다.'"

④ 영적 전쟁 기도

고통받는 사람에게서 갑작스러운 어둠, 비정상적인 두려움, 물체의 움직임, 그림자, 또는 이상하고 격렬한 행동이 보이거나 느껴지거나 감지될 때 기도 사역자는 이 선포 기도를 할 수 있습니다.

"이 어둠, 억압의 영이 예수님의 이름으로 결박되고 사라져라.
나는 고통받는 ㅇㅇㅇ 위에 예수님의 피를 뿌리노라. 예수님의 이름으로 그들의 마음과 몸에 평화가 있을지어다.
예수님의 보호하심에 감사합니다.
예수님의 이름으로 기도합니다. 아멘."

⑤ 세대적인 상태와 저주를 풀어놓기

이 기도는 부모 및 직계 가족으로부터 유전된 의학적 상태, 정신질환, 자살, 또는 오컬트 및 다른 마귀적인 활동과 관련된 문제를 다룹니다. 기도 사역자가 이 기도를 하거나, 고통받는 사람이 직접 반복할 수도 있습니다.

"예수님, 저는 저와 제 이전 세대들 사이에 예수님의 피가 유전된 모든 문제 위에 부어지도록 예수님의 이름으로 선포합니다.
저는 모든 어둠의 임무를 취소하고, ㅇㅇ 질병들이 저를 괴롭힐 모든 권리를 제거합니다.
저는 이 세대적인 문제나 원인이 더 이상 제 삶에 있을 권위를 거부하고 포기합니다.
저는 제 이전 세대들을 용서하고, 예수님의 피가 제 마음과 몸을 정결하게 하며, 그 세대의 의로운 유산과 축복이 저에게 오기를 간구합니다.
예수님, 저에게 자유를 주심에 감사합니다.
예수님의 이름으로 기도합니다. 아멘."

질병과 상한 감정의 연결고리를 찾다

전인 치유를 막는 감정적 트라우마를 깨다

펴 낸 날 1판 1쇄 2025년 12월 25일

지 은 이 크레이그 밀러
펴 낸 이 이환호
편집디자인 민상기
표지디자인 민다슬
펴 낸 곳 도서출판 예찬사

등 록 1979. 1. 16 제 2018-000103
주 소 경기도 고양시 덕양구 중앙로 557번길 8-9. 엠앤지프라자 407-2호
전 화 02-798-0147
팩 스 02-798-0145, 031-979-0145
블 러 그 blog.naver.com/yechansa
전자우편 octo0691@naver.com
ISBN 978-89-7439-534-6 03230

옥토를 만드는 믿음의 책

예찬사는 기독교 출판 실천윤리강령을 준수합니다.